U0678288

YK 叶开的魔法语文

YE KAI DE MOFA YUWEN

叶开 主编

第十课

三娘子传奇

SANNIANGZI CHUANQI

百花洲文艺出版社

BAIHUAZHOU LITERATURE AND ART PRESS

图书在版编目（CIP）数据

三娘子传奇 / 叶开主编. -- 南昌：百花洲文艺出版社, 2018.4

（叶开的魔法语文）

ISBN 978-7-5500-2734-3

Ⅰ. ①三… Ⅱ. ①叶… Ⅲ. ①作文－中小学－选集 Ⅳ. ①H194.5

中国版本图书馆CIP数据核字（2018）第054044号

三娘子传奇

叶　开　主编

出 版 人	姚雪雪
责任编辑	王俊琴
书籍设计	赵　霞
插　　画	饶凯西
制　　作	何　丹　周璐敏
出版发行	百花洲文艺出版社
社　　址	南昌市红谷滩世贸路898号博能中心一期A座20楼
邮　　编	330038
经　　销	全国新华书店
印　　刷	江西千叶彩印有限公司
开　　本	720mm×1000mm　1/16　印张　14.25
版　　次	2018年7月第1版第1次印刷
字　　数	100千字
书　　号	ISBN 978-7-5500-2734-3
定　　价	39.00元

赣版权登字　05-2018-117

邮购联系　0791-86895108

网址　http://www.bhzwy.com

爱写作的孩子是一座魔法星球

叶　开

感谢读者朋友打开这本书，感谢你们看到我写的这篇小序。

请允许我略微骄傲地向你们介绍这套独一无二的作品集。

收入这套十二册近百万字的作品集，不是大家习以为常的课堂作文集、满分作文集、考试作文集，而是一整套由小学生和初中生自己创作出来的、风格独特、形态各异的优秀文学作品集。

我曾给这些孩子讲授一门“深阅读课程”。每次课后布置写作，孩子们立即“占楼”，并“光速”交作业。我每次都读得愉快兴奋，常常熬夜给他们的作文写下很长的分析和评语。

我精心挑选出来很多作品和孩子们一起阅读，讨论，思考。有莫言的短篇小说《大风》、刘慈欣的短篇科幻小说《诗云》、柳文扬的短篇科幻小说《一日囚》以及唐传奇中的名作《板桥三娘子》《聂隐娘》等，读了这些作品之后，他们脑洞大开，进而形成自己的独特思考，并开始了自己的精妙创作。

其中有一个良好的“副”作用——当他们逐渐成熟，学会运用作文套路后，这些在写作能力上达到同龄人中较高水平的孩子，面对应试作文时“杀鸡用了宰牛刀”，大多数人都能轻而易举地写出高分作文。

上海高考语文阅卷组组长周宏教授，常在我的微信朋友圈里为这些小朋友的作品点赞。他认为，孩子们都这样学习写作，今后高考写作文根本不是问题。

我曾说：语言是人类文明的底层操作系统。

如同电脑上、手机上无数的apps应用程序，都要安装在微软公司的Windows操作系统、苹果公司的macOS和IOS操作系统以及谷歌公司的安卓操作系统上一样，人类文明的其他形态，无论是天文、地理、工程、建筑、绘画、雕塑，以及各类科学，都要建立在语言这个操作系统上。语言的好与坏，直接影响到整个文明系统的稳定性。一个高级文明生态系统，他们的语言必定是高级的，他们创作出来的文学作品也必定是高级的。当今最发达的文明国家，他们的语言必定是最丰富的，其写作能力也必定是最高超的，而这些文明国家所留下来的文学作品（语言的最高形式），也必定是最优秀的。建立在这些丰富的文学作品上的文明形态，其想象力、创造力和制造力，都是非常惊人的。

语言一旦崩溃，一切文明形态都将崩溃。

如果我们使用的语言虚假、无趣、伪善，则其他的apps也无法超越。整个文明形态要更加真实、丰富、优雅、有趣、向上，则语言首先就要具备真实、自然、准确的基本要素，进一步，则是高效表达、有趣表达、丰富表达。

社会各行各业，哪一行能离开“写作”呢？语言表达的各种外在形式，无论是政治家演讲、国情咨文、周末报告、股票路演、公司总结、宣传文案，哪一样，都离不开写作能力。我从来没有见到过哪一个优秀作家是口讷不善言的。他们“不说话”，要么是不愿意在某种场合上表达，要么就是代笔的假作家。而那些写作能力强的人，总有更大的上升空间，有更广阔更高远的未来。

文集里这些小作者，从小学二年级到初中二年级，主力作者在上五、六年级——九岁至十二岁左右的年龄。当大多数同龄孩子咬笔头、搔脑袋、苦思冥想、灵感枯竭时，这些孩子个个都是脑洞大开、神思缤纷、下笔如有神，创作出一篇又一篇令人赞叹的作品。

这些作品中，有些特别成熟，有些略显稚嫩，有些特别有趣，有些非常可爱，总体呈现出新世纪少年的丰富想象和思考。

读了他们的作品，我自己也深受启发。我发现大多数成年人对孩子们的内心世界严重缺乏理解，成年人对孩子的认识大多是模糊的、空白的。因为，能读到孩子们真情实感、抒发胸臆的作品实在少之又少，缺乏足够的学习和分析资料。

在课堂作文、应试作文中，学生们只能走套路，写虚假文章，没有机会表达自己的内心和独特的思考，找不到合适的地方表达自己的复杂情绪。而在我的课堂里，他们得到了痛快淋漓的释放。

每个小孩都是一个小宇宙，当这个小宇宙的能量受到有效的激发而爆炸时，你才知道自己的孩子到底有多么与众不同。

孩子们年纪虽然小，但是他们通过互联网的手段，接触到的外部世界，比自己的父母和老师想象中的要丰富、生动得多。然而，他们在传统的课堂里，却没有太多机会表现自己。大多数孩子，也没学会以写作的方式表达自己，展现自己。

我长期与孩子们交朋友，和他们不间断地交流。知道他们表面很天真、很幼稚，其实小家伙很懂得伪装，知道在什么情况下，要隐瞒，不让大人看到自己的真实爱好。只在自由表达中，他们才会敞开心扉，吐露自己内心的秘密。

阅读这些作品，我们才会恍然大悟：原来孩子的身体里也隐藏着一个宇宙！爱写作的孩子，是一座魔法星球。

他们的内心很丰富，他们的思想很复杂，不像外表显得那么稚嫩，那么单纯。当你认识这些孩子时，会很惊讶：他们看起来跟其他孩子差不多的稚嫩表情底下，竟然能隐藏着如此丰富的想象力，这么美妙的创造力。他们以自然准确而优美的语言，创作出属于自己的想象王国。在这个时候，爱写作的孩子已经拥有整个属于自己的世界。

他们都拥有一座属于自己的秘密魔法星球。

有些小孩子在作品里写道：老师和父母都认定小孩子幼稚，因此小孩子也装得很幼稚了。成年人想当然地把自己的固有概念套到孩子身上，以僵化的态度来塑造孩子，并且被自己的观点所迷惑，而无法有效地与自己的孩子交流。孩子们只好机智勇敢地、故意卖个破绽地装出单纯幼稚的样子，满足成年人对小孩子的虚假想象和塑造。

“狼昨”是我最杰出的学生之一。她是一位擅长编程，满脑子奇思妙想的七年级女孩，去年曾写过一篇科幻小说《过去的时光》，以科幻的形式来写成年人和小孩子之间的深深隔阂。

她想象有两种星球：大人星球和小孩子星球。这两个星球彼此缺乏了解——相比之下，还是小孩子星球对大人星球了解更多一些。但是大人星球自以为很懂小孩子星球。他们不假思索地认为，自己天然地对小孩子星球有居高临下的优势，总是发布各种命令，提出各种要求……

这篇作品包含了丰富的孩子心理信息，推荐各位爸爸妈妈一定要好好阅读。也推荐给教育界的各位人士，我们自以为了解的孩子，并不是教科书想当然写的那样。想深入理解小孩子的内心，要真正懂得教育，我建议好好地阅读一下他们的作品，其中的第一册《用七个关键词描述自己》，就是了解孩子们的最好材料。

小孩子们的内心不仅仅如此，他们还总是思考着一些奇妙的历史和宇宙。

“木木水丁”也是我最杰出的学生之一，她运用自己学到的宇宙知识和历史知识，在科幻小说《频闪时空》里，设想了一个特殊的问题：我们的宇宙历史，会不会是由一张张特殊的“照片”组成的？每个不同的时空就是一个不同的星球，人长大是不断地从一个星球迁移到另一个星球。人类自己身在局中，不知道其中的奥妙——只有不知身居何处的“时空主宰”在操控一切。而深知“时空主宰”奥秘的那个人，生活在公元元年，他的名字叫作“耶稣”。

读完这部作品，会发现这是一种历史文化和宇宙观念的奇妙旅程。其中写到主人公穿越回到公元元年（这个星球），见到了那个叫作耶稣的五岁孩子，这才知道历史典籍记载的耶稣诞辰一直是错误的：耶稣五年前就出生了。

这里面有很多特殊的思考，真的“亮瞎”了我的“钛合金”眼睛。

“沼泽”也是我最杰出的学生之一。他在五年级时就写出了探讨“不确定性”的一部杰出的科幻小说《骰子》。其中写到了一名来自火星的名侦探匹克，一到地球就失踪了。而地球上最神秘的黑暗势力的领袖，正在巴黎的下水道里，打算实施把整个太阳系各个行星炸掉的庞大阴谋。他到底会不会炸掉太阳系里的那些行星呢？关键看头号恐怖分子Forever会不会掷出某个特定的点数：星球的命运，建立在偶然、随机上。

在小说里，小作者熟练地运用了“量子力学”理论，还巧妙地谈到了“薛定谔的猫”等概念，令人大开眼界。他在五年级时上唐传奇《聂隐娘》的课，课后写了一篇科幻小说《楚门的世界》。凭着这篇优秀作品，他被上海最著名的民办学校之一——平和双语学校特招进初中部。

“颜梓华”也是我最杰出的学生之一，前不久他写出了一部三万字的中篇科幻小说《地球四十八小时》，读了令我深为赞叹。

小说里写某高智慧外星文明的男主角小男孩要去另外一个遥远星球探望父亲而搭乘星际列车旅行，因误入某种时空漩涡，星际列车穿越了时空，停靠在了几千光年之外的地球的某个车站。这让小主人公在从未到过的地球世界里，经历了四十八小时惊心动魄的冒险。小说结构很精简，人物和人物关系设定很合理，其写作能力，远远超出了很多大学中文系的学生。

“雪穗·茗萱”是研究阿西莫夫科幻名作《银河帝国》系列的小专家，现在读七年级。她写的科幻小说《银河帝国·虎》，结构之精妙，故事之出人意料而又合情合理，文笔之好，简直是阿西莫夫再世。

另一位七年级的天才少年周阳，也以阿西莫夫的《机器人帝国》为灵感，创作了一部优秀作品《机器人星球长》，写某天突然爆发了一条信息“地球星球长萨旦·奥利瓦是机器人”，而迅速流传到宇宙中有人类居住的四十五个星球中，宇宙世界联合组织委派名侦探夏洛克·安德罗斯前来地球调查真相。故事结构非常特别，结尾出人意料又合情合理，充分体现了小作者的谋篇布局和叙事推进的高超能力。

六年级学生黄铭楷的科幻小说《命运之钟》，写某台来自宇宙最先进文明的机器，落在地球上，而为地球人所用。这台机器是一部超高能的计算机，能计算出地球上每一个人的命运走向。因此，王国内每一个人出生之后，都要来到这个“命运之钟”前检测自己的命运。那些被宣判未来会变得邪恶的人，就会被抛弃被杀死。而最奇特的事情，发生在国王的两个孩子身上，“命运之钟”判定他们会自相残杀。老国王痛苦不堪，但不肯对这两个孩子采取“抛弃”的方式，那么，两位王子如何突破这个命运的陷阱呢？故事结构之巧妙，解决之合理，我也一直记忆深刻。

我教过的学生中优秀的科幻少年很多，除上面的那些小天才之外，还有现在读五年级的张小源、五年级的李华悦、七年级的时践、五年级的周子元、四年级的郑婉清、四年级的刘悦彤、六年级的张倍宁、八年级的程琪鸿、七年级的李暖欣等等，恕我不能一一列举更多的名字，他们都写出了精彩的科幻小说，读了真是让人感到大开眼界。

除了科幻小说之外，这些文集里，还有大量的幻想小说，包括魔幻小说、玄幻小说、奇幻小说等，深受一起学习的孩子们欢迎的枫小蓝、戒月、莞若清风，是幻想小说的天王三人组，是真正的幻想小说天才。还有徐鸣泽、丁希音、何浥尘、杨睿敏、雾霭青青、幂小狐等，都是幻想小说的顶尖高手。

孩子们不仅仅是写幻想小说才能高超，在打通灵感之泉以后，他们写其他文类如记叙文、议论文等，都得心应手。游记、影评、书评，完全不在话下。

浙江平湖的张小源同学四年级跟我学习，现在五年级。她创造的幻想作品风格多样，跨度很大，屡有佳作，而科幻小说也像模像样。她写的游记、影评、书评，都非常精彩。写美国科幻鬼才菲利普·迪克的文章，写《哈利波特》的书评，都非常老到。

当孩子打开写作的闸门之后，他们就会在写作的过程中不断地“虹吸知识”，为了某些特定的知识内容，去寻找资料，认真了解学习相关的知识。例如“量子力学”“测不准原理”“相对论”等等，这些远远超出了他们年龄的知识，他们都孜孜不倦地去学习，而且热情高涨。

南京五年级小学生徐鸣泽，跟我学了袁枚《子不语》里一篇《赵大将军刺皮脸怪》而迷上了这部文言小说，自己读完了厚厚一本文言文作品，在班里建了一个《子不语》阅读小组。这些孩子的文言文阅读能力已经超过了很多高中生甚至大学生。在跟随我参加南京先锋书店里举行的跨年诗歌晚会时，台湾著名翻译家、诗人陈黎教授看到了徐鸣泽和她的小伙伴莞若清风，感到非常震惊，说你们不是小学生吗？怎么能看懂繁体字，看懂文言文的！

在孩子们眼中的幻想小说天才莞若清风，是一个精通古希腊罗马神话、埃及神话、北欧神话等各类神话的六年级女孩子，她深入浅出地化用这些神话元素，写出了一部部精彩的幻想小说。我一直记得她的杰出作品《雪雕冰神》，那么美好的一个幻想世界，也只有这些心灵纯净，未受到污染的孩子，才能创造出来。

而运用了特殊的地理知识和对《魔戒》的深阅读，七年级的时践创作了一部三万字的魔幻小说《费斯 · 波金与邪恶之眼》。

一介绍就“如数家珍”，有点兴奋过头了。

这套书中很多作品，在“叶开的魔法语文”公众号发出后，得到了全国各地的著名作家、出版家、编辑和优秀语文教师的点赞和激赏。

当我把一个专辑发在朋友圈里时，诺贝尔文学奖获得者莫言老师也点赞留言，说：“开卷有益！”又补充说，“开叶开的卷有益！”

北京师范大学科幻小说研究中心主任、博士生导师吴岩教授也常常为这些孩子的科幻作品点赞。

这里，要特别感谢我的老朋友——百花洲文艺出版社的姚雪雪社长。她慧眼识珠，一眼就看到了这些小朋友发表的作品中蕴含着惊人的潜力，立即跟我商量，请我负责编辑，由百花洲文艺出版社于2018年作为重点图书出版这套作品集。

编完了小朋友们创作出来的十二册《叶开的魔法语文》作品集，我的主要表情是“惊呆”，次要表情是“感到不可思议”。

这些脑洞大开的作品，每次交上来我都会逐一点评，印象深刻，感受特别。这些作品都是2017年夏天以前创作的，所以出书时标记的是小作者们写作时的年级。再次编辑这十二册近百万字的作品集，我为孩子们的真实自然准确的语言所惊叹，为他们的想象力和创造力所再度折服。

我是中国现当代文学博士科班出身，在《收获》杂志社做了二十多年的职业编辑，阅读过大量的文学作品，编发过国内外许多一流作家的优秀小说。本来以为自己已经读麻木了，天底下没什么新鲜事了，没想到在与这些孩子一起度过一年多的“深阅读”和“创造性写作”的美好时光之后，发现他们在得到有效的深阅读训练，学会有效思考，体会到高效率语言表达的乐趣之后，创作热情被激发了，而写出了前所未有的美好作品。有些孩子简直是灵感如涌泉，被激发得闪闪发光。他们的写作题材非常广泛，形式极其丰富，表达生动活泼有趣。如果不是被激发之后，渐渐进入更为自由的写作状态，我们很难理解，为何这些小孩子脑袋中竟然能藏着如此丰富的思考、如此瑰丽的想象、如此自由的表达。无论是科幻小说、玄幻小说、穿越小说、武侠小说还是游记、书评，他们都写得观点鲜明，精彩有趣，色彩缤纷，让人产生浓重的阅读兴趣。

我和一些孩子见过很多次，平时追逐嬉戏，打打闹闹，跟普通熊孩子差不多。但是，且慢，不要以貌取人。他们的脑袋里，藏有比黄金更珍贵的奇思妙想。他们的大脑如同宇宙一样无垠，他们的思考如同光速一样快捷，他们的表达像加特林机关枪一样干脆利索。有些人物关系的处理，他们比成年人更加直截了当；而在细节表现上，则精微而晶莹。

他们还小，未来无可限量。

同样，你们的孩子也还小，未来无可限量。

相信他们，就是相信未来。

这些孩子的潜力，都有待我们的呵护与激发。

2018年2月3日

目录

CONTENTS

1 宇宙毁灭计划

沼　泽（王赵哲）　五年级

第一章　神与仙与魂与魄

“这是理所当然的。”老人说道。

赵季现在不知是什么心情——作为一个读书人，他早就知道“子不语怪力乱神”，但是，每次违反的时候，赵季都很激动，又害怕被别人知道，这种截然相反的两种感觉出现在同一个心灵里，让赵季很煎熬。

“孩子，听我一句话。谁有着两种截然相反的观念，却还能正常行事，他就有了一流的智慧。”老仙人说。

“不是，老仙人，您，能教我做仙人吗？”赵季激动地问道。

“仙人！呵呵。修仙时，得心无杂念。甚至与修仙者打斗时，也得全心全意地去面对。我们仙人，就是生死看淡，不服就干。”

“不是，老仙人，额，前辈，您能直接教我修仙吗？”

“哼，修仙的道路上，我们摸索着宇宙万物之奥妙，不断提升自己的实力与悟性，最后才成为仙人。”

“也就是说，理解世界，而非享受它。”赵季还是有点没懂，他不喜欢很枯燥的东西。

老仙人陷入了沉思。他在悟，领会着赵季的这番话。

“孩子啊，我看你骨骼惊奇啊，你是一块好材料啊！”老仙人说。

赵季有些无语。上一秒说着长篇大论，下一秒就说我骨骼惊奇。前辈，您这是什么逻辑，我跟不上，自愧不如啊。

“作为初级者，你首先得了解一些基本概念。如神，仙，魂，魄。”

“神，是指特定人死后转变为神；仙，是指人还在有感知的生命的过程中，逐渐变成神；魂，是指一个人的思想、性格等心理；魄，是指一个人的身体本身。”

“实际上，魂魄是一个东西——人。人死后，魄就在那里，成为尸体，而魂还存活着。”

“很多人将神仙混为一谈，其实并不对。活人无法当神，你必须有巨大的，怎么说呢，潜力、才华，让神看中你，在死后成为神。而仙不是。你可以在活着的过程中修仙，领悟宇宙万物之奥妙，成为仙人，长生不老。神们自己没有一个准确的宇宙观，他们就像在海边堆沙堡很开心，而我们，望着大海。”

“我开始不懂了。”赵季说。

“孩子，社会很复杂很深奥，好好学吧。记住，我们，为了修仙，不择手段也是必需的。”

“孩子，跟我来，你要学的还有很多，小小年纪，别太膨胀。”老仙人说。

“前辈，我能怎么称呼你呢？”

“叫我艾前辈，我全名叫艾派德。”老仙人说。

“孩子，我有慧眼，你很渴望学习，但是失去了耐性。这样吧，我有办法打破这个桎梏。”

艾派德直接从储存袋里拿出30本秘籍，他大手一挥，秘籍成为无数光珠，飞向赵季，随后消失，剩下一片似云，似雾，似白茫茫一片的绵。

赵季无语了。

老人家，你早说嘛，直接把我的功法和法术灌顶就好了，说起话来还一套一套的。

没有办法，他有狂的资本，如果他不是仙人，我早就拿一把杀猪刀把他砍了。

第二章　审判

第二天，老仙人就叫上赵季，收拾一下行李。

“出事了，跟我去趟皇城。”老仙人说。

“咋去啊？要3天才能到那里。”

“你忘了你已经算个修仙者了吗？来，施展三千雷动，顺便喝了那瓶隐形药水。”

他喝了药水，然后想施展功法，他在引领着这股陌生的力量。

“哇，飞一般的感觉！”赵季直接飞向了天空。

“老仙人，出了什么事？”

“三娘子那家伙，被举报说是妖人，有把人变成驴的妖术，结果下狱了。对，皇家监狱，最可怕的那一座，今天就要审判了。”

他俩走进了皇宫，“皇上万岁万岁万万岁——”

“你们两个今日为何见朕？”

“小民是来为三娘子一事提供证词。”

“哦？说来听听。”

“陛下，她不是妖人，她是仙人。”

“仙人，呵，告诉我，什么仙人会把无辜的人变成驴呢？”

“所有修仙者的唯一目的就是修仙。这些变成驴的人想偷偷了解她的仙术，为了不暴露，就把他们变成了驴。”

“哈，朕跟你们讲，不管你们是什么人，都不允许在朕的大唐帝国作祟。我大唐是受到老天爷保佑的！你们从此都给朕离开皇城，因为，朕是真命天子，其余人，皆是蝼蚁！天上天下，惟朕独尊！今天算你们运气好，不把你们像妖人一样杀了，你们走吧！”

第三章　还有这种操作？

“赵季，我们走。”老仙人说。

“去哪里？”赵季是第二次问这个问题了，他真想有读心术。

“跟我一起去毁灭宇宙。”

“为什么？朗朗乾坤，三千大道。世界如此美好，你为何如此暴躁？”

“那个人不是说他的鬼帝国受到老天保佑吗？咱们去把这个宇宙毁灭了，世界不就是我们的天下了吗？”老仙人加重了句子里“这个”的语气。

“宇宙毁灭了还有世界吗？”

“果然，你们人类对宇宙一无所知，路上跟你慢慢讲。我们先去找宇宙车站，跟我来。”

“不用三千雷动吗？”

老仙人笑了：“我们仙人也得与时俱进，不是吗？”

实际上，人类生存的这个宇宙，准确地来说，第42号宇宙。出于某种原因，每一个在那个宇宙里的智慧种族都会在他们的小说里隐隐约约提到这个数字。

然而，愚蠢而无知的人类狂妄地宣布他们的皇帝受到上天保佑。

人类渴望证明：自己的存在对于宇宙是一个里程碑，对于宇宙有很大的意义。

呵呵。

宇宙车站被称为“宇宙史上最时尚的出行方式”，实际上是飞机场，这个用词并不准确。请想象一下，地铁+飞船的结合体。

如果你想象得出来，我们就可以继续讲述故事。

他们买了两张外域的车票。

外域，就是连接所有子宇宙的一个大宇宙。

第四章　就是有这种操作！

众所周知（我也不确定），想要绕地球公转的小行星，必需达到第一宇宙速度——每秒约7.9公里；想要从地球逃逸的速度需要达到10.848公里每秒；想要飞出太阳系，速度需要大于16.7公里每秒；飞出银河系需要110～120公里每秒，本星系群（科学家们把银河系、仙女星系、大小麦哲云和其他四十几个星系称为本星系群）需要1500～2200公里每秒。

那么，逃离宇宙，需要多大的速度呢？

没有人能得出答案（注意这个人字）。

外星球人认为，需要超过原本的光速。

有一个古老又实用的办法：将时空扭曲。

假设我们暂时把航道扭曲成一个粗绳子（还是三维空间）的样子，那么经过这条绳子的光也就会变慢下来，光需要更多时间改变航道，转向，转角度。虽然严格来说光波没有转向的能力，就像你拿着一根完美圆锥体棒子，把它转角度，没有区别。由于光一直走直线——实际上，时空扭曲包括光的航道也扭曲了——但是依然是直线。准确来说，光的航道这个词不准确，光在无人观察的情况下表现为光波，在观察的情况下才会具象化，表现为光子。

而根据相对论（人类称之为相对论，正式名字叫时空相对论），不可能只扭曲空间而不干扰时间。所以说，时间会因为速度增加而变慢，要是没有中微子引擎，旅程就会漫长而无聊。

在你每次眨眼的时间里，都会有几亿个中微子穿过你的眼睛，地球、太阳，中微子无处不在。

实际上，有的中微子会比光速快。在恒星变成超新星的爆炸之前，中微子就开始逃逸了。而光却是在恒星里面（爆炸先从里面开始），每一次移动，都是向一个随机方向迸发，中微子赢在了起跑线上。

乘上宇宙列车的赵季，对一切表示新奇：只有一个个房间。

“随便选一个房间，就这个好了。”老仙人说。

“旅客您好，本次列车终点站，西域枢纽南站，下一站，贝谷星站。”报站员在一秒钟内一口气说出九千五百亿种语言，露出了一个笑容。

第五章 外域

外域永远是黑夜。

整个外域枢纽南站，都是大低谷纪念馆。

那年的光辉岁月，准确地来说是宇宙起源的50亿年里，所有宇宙一片黑暗（当然了，算上开头没有生成第一批恒星之前的2亿年时间），因为黑暗森林公理，其实还有一项——破窗效应。

假设一间屋子里有一些窗户，一个人打破了一扇，那么会有其他人打破其他的窗户，因为人们觉得，已经打破了一扇，再打破也就没有关系了。

在宇宙的角度上，神经已经是紧绷着的，一根弹簧断裂了，会导致其他弹簧像多米诺骨牌似的崩断。

但是如果有许多（用不着太多，建立起10个左右种族之间的联盟）愿意冲出黎明的话，那么破窗效应就发生了。你可以加入联盟，壮大自己，否则，自己也有可能会被联盟吞噬。对于想加入联盟的种族，往哪里跳都会有不确定性。如果有第一个种族充当领头兵，那么就会有其他更多的种族加入。

心理学是一把双刃剑。

老仙人下了车，赵季跟着他。

“老仙人，那么问题来了，怎么毁灭呢？”赵季说。

“跟我去天文技术馆。”

天文技术馆，名义上是科学探索，实际上是满足一切种族的需求：毁灭、制造、分离行星、恒星、小行星、彗星。

“馆长，你认识我吗？我在30年前跟你联系过，问一下，以你们的能力，能不能毁灭一个宇宙？”

“这，得考虑一下。”

“我给你1亿元。”

“成交！哪一个宇宙？”

“42号宇宙。”

第六章　终结

作为实证主义的人类，有这样一句名言：

“想要证明它存在，就必须搞破坏。”

宇宙？呵呵。

现在的办法，就是往里面塞几百个移动黑洞吞噬一切。

所有宇宙的质量都是精心计算的，多一点点，就可能不是这个样子。

可以让里面的物质分离，在虚空中死亡，或者来个宇宙大挤压，重新成为那个小弹珠。

当天文科技馆馆长告诉他们，已经好了时，老仙人松了口气。

“老天爷也不可能保佑他们了。”

“老仙人，为什么你这么相信皇帝的这句话呢？”

“我们又无法得知他说的是真话或者假话，只能一了百了了。记住，修仙者的第二规则是，宁杀错不放过。”

叶开老师评：

哎呀，沼泽的风格，就是跳跃，疯狂地跳来跳去，让人跟不上啊。你这把修仙跟科幻硬拉在一起的霸王硬上弓手法，为师也是醉了。修仙老仙人和修仙小鲜肉赵季，这个有点无厘头以及脑洞大开地连接上了科幻宇宙以及对42宇宙的毁灭，太那个什么跳跃了。从狂妄自大的大唐皇帝，到老仙人带着小鲜肉小仙人一起去救被判处了死刑的板桥三娘子到为了皇帝的一句话，而来到了"外域"毁灭宇宙，这老仙人作为一个另类修仙者，绝对不是什么善类——他为了打破皇帝那句"我大唐是受到老天爷保佑的"的狂言，干脆决定，到天文技术馆找到"腐败"的馆长，给了一个亿，就请动了对方毁灭这个宇宙，也就是你从亚当斯《银河系搭车客指南》里弄来的42宇宙。这样，宇宙都没有了，还谈什么"老天爷"？这个，动静太大了点。这么大的动静之后，你没有让老神仙和小鲜肉赵季一起返回大唐，去把被判处了死刑的板桥三娘子救出来，这就有点说不过去了。话说，老仙人为何要去救板桥三娘子呢？可不可以说是他的第一个修仙弟子？可不可以说三娘子原本前程远大？然后，老仙人不得不救？

2 神　驴

莫逆于（杨依桥）　六年级

一百年了，很长，还是很短？

“宣张果觐见！”一个大臣高声说道。

殿前，一个年逾百岁的老人走了上来：“张果在此。”

唐玄宗问：“听说你炼丹很有一套，还得道成神了？怎么头发牙齿如此衰朽？”

张果答：“我是齿落发稀时得的道，只好这副样子。今陛下见问，不如把齿发尽去了更好。”说罢，把自己的头发拔了个精光，又将牙齿敲掉。

唐玄宗一惊，还以为自己得罪了张果，赶紧说：“果老何故如此？快去休息吧。”转头又吩咐了手下大臣，“去给果老熬碗参汤。”

张果老哈哈一笑：“不必了。”便退了下去，但过了一会儿又走了出来，面貌大变，记事的大臣这样描写：“青鬓皓齿，愈于壮年。”

唐玄宗十分佩服张果老，赐号“通玄先生”。唐玄宗还想把他的妹妹嫁给张果老。不料，张果老却坚持不受，还唱道：“娶妇得公主，十地升公府。人以为可喜，我以为可畏。”唱完大笑不止，然后掏出纸驴，喷了点水，倒骑驴背羽化而仙去了。唐玄宗说：“罢了罢了，就记他仙逝了吧。”记事的大臣忙写：“开元二十三年，张果老含水噀驴，化纸驴为活驴后仙逝。”

天宫里，张果老拍拍驴子的头说：“我当神仙啦，我就给你个好点的待遇，你去转世当个人吧。这是一个无忆丹，吃了它，忘了我吧。”张果老喂驴子吃下了丹药，一掌将驴子拍下凡间。

贰

“我是谁？我在哪里？”一个女子猛地从床上坐了起来。

“三妹？”一个青年男子从门外撞了进来，把破旧的木门弄得吱呀吱呀响，“你已经晕过去一个多星期，有一段时间甚至连呼吸都停了，但门口那个大夫说你没事，我们就把你留在这儿了。”

“你是？”女子问。

“我是你大哥呀？你别吓我，你不会失忆了吧？”这个青年男子说，“你是我的三妹，我们这一辈有三个兄弟姐妹，你二哥正在

外面发呆呢。自打你晕过去后，昏厥不醒，他也就成了那样。”

“带我去找大夫吧。”板桥三娘子颤颤巍巍地从床上坐起来，却把垫在身下的草席弄在了地上。大哥捡起草席，整整齐齐地放在了一边。

走出了破旧的草房，三娘子看到外面的世界，却感觉极其陌生。门口的二哥正叼着一个草秆，躺在草地上看着天上的白云。

“三妹！”二哥刷地一下蹦起来，吐开了嘴里的草。

“你好。”三娘子点点头，矜持得像个客人。

“额……”二哥愣在那里，伸出的手正准备拍上三娘子的肩膀，却又定格在那里。过了一会儿，他放下了手，说：“我是你二哥呀。”

“对不起，我不记得了。”

“好吧。”二哥有些沮丧。

“我们去吃驴肉烧吧，开心点，恢复记忆只是时间问题啦。”大哥却是十分乐观。

“驴肉……”三娘子思索起来，仿佛记起了什么。

“想起什么了？”二哥试探性地问问。

“不行，绝不吃驴肉！”三娘子显得十分痛苦。

“你不是最爱吃驴肉的吗？那么，马肉？牛肉？鸡肉？”大哥继续提议。

“不不不，不吃肉！”三娘子尖叫起来。

“她刚醒过来，吃清淡点吧。”二哥淡淡地说。

就这样，他们就喝起了菜粥，三娘子吃着青菜，显得十分满足。

“人还虚弱着呢，多吃点。”二哥往三娘子碗里夹了一大把菜。哧溜一下，三娘子就把菜吃完了。

“多吃点吧。”大哥把整个盘子推到了三娘子前面。

过了十分钟，一盘菜全都被三娘子消灭了。

“怎么连口味都变了？”大哥悄悄对二哥说。

“是啊，以前她可爱吃荤了，每顿不吃块肉难受，现在怎么成素食主义者了？”二哥摇摇头。

“咴儿……”三娘子听见了一声驴叫，急忙奔过去看。

“怎么了？”大哥和二哥跟了上去。

“你好啊。”三娘子对驴说，“在这里高兴吗？”

“咴儿……”

“哦，你累啦?”

“咴儿……”

“要不我去帮你求个情，让大哥二哥给你放个假？”

“咴儿……咴儿……”驴子打着响鼻，把头往三娘子身上蹭，表达着自己的快乐与感激。

“咯咯咯咯……”三娘子笑了，回头对大哥和二哥说，“让它休息一下吧，它累了。”

大哥和二哥用奇怪的眼神看着三娘子，仿佛她是一个怪兽。

“让它休息一下吧，它已经工作了那么久了，总该休息了。”

“不行啊，我们还需要它来推磨呢。”大哥有些为难。

“可它工作了那么久了……”三娘子的声音低了下去。

“不行！”二哥斩钉截铁地说。

“你们不知道做驴子的苦，所以你们才不想让驴子休息！你们还不如变成驴子，这头驴子都比你们善良！”三娘子发了疯似的，使劲数落两位大哥。大哥二哥也都疼爱着三妹，没计较，也就悻悻地回房去了。

不多久，天就渐渐暗了下来，小木屋里传出了两股鼾声，真是“一波未平，一波又起”。但三娘子还没睡着，披着草席坐在床上，自言自语着：“驴子多好啊，吃苦耐劳，为人服务，却得不到一点休息！人们只要当过了驴子，不就明白驴子的苦了吗？”

三娘子心里想着，拿起床边的一块木板，去厨房找了一块刀片，就把木板削成了一个六七寸大小的小人。三娘子毕竟是心灵手巧之辈，雕出来的小木人真是栩栩如生，不久，“哗哗哗”的声音不绝于耳，一整套犁杖和一头木驴就立在了地板上。三娘子又出去捧了些土进来，撒在了地上，向木头人、驴、和犁杖喷了点水，小人就动了起来，牵着驴耕地。三娘子又往地上撒了点荞麦种子，地上转眼间就长出了芽，接着马上就开花成熟了。三娘子让小人收割去壳，就得到了七八升荞麦。她安了个小石磨，把荞麦都磨成了面粉，当即就做成了烧饼，摆上了餐桌。

叁

“果老，我们等你好久了，怎么才来啊。”铁拐李笑吟吟地看着张果老，“来来来，喝酒喝酒。”

铁拐李举起葫芦。

“我们好不容易又聚了一次，来玩个游戏吧。”蓝采和提议。他穿得破破烂烂的，一看就是一个疯疯癫癫的人。

“好啊，说来听听。”曹国舅拍手赞成。

“这样，我们都是从凡间上来的，谁输了这场比赛，就再去凡间走一遭！”吕洞宾抢先说了出来。

“惩罚有了，那么游戏项目呢？”韩湘子说。

“过海！”铁拐李突然说了一句，猛喝了一口酒，“谁过海的方式最不潇洒谁就算输！”

“好！”其余六仙一致喝彩，只有张果老默默无言。

转瞬之间，八仙到达了东海之岸。

“敖广，出来！”蓝采和大吼一声。

“你来给我们评个分，看看谁的过海姿势

最是潇洒，谁的最是无趣。”

“好，好。”敖广连连点头。

逍遥闲散的汉钟离，把手中的芭蕉扇甩开扔到大海里，那扇子大如船，他醉眼惺忪地跳到迎波踏浪的扇子上，优哉游哉地向大海深处漂去。清婉动人的何仙姑步其后尘，将荷花往海里一放，顿时红光四射，花像磨盘，仙姑亭亭玉立于荷花中间，风姿迷人。众仙谁也不甘落后。吟诗行侠的吕洞宾、隐迹修道的曹国舅、振靴踏歌的蓝采和、造化莫测的韩湘子、借尸还魂的铁拐李纷纷将宝物扔入海中。瞬间，百舸争流，各显神通，逞雄镇海，悠然地遨游在万顷碧波之中。

“好好好！”敖广大赞一通。

“张果老？”吕洞宾突然觉得少了一个人。

只见张果老徘徊于海岸边，低头不语。

突然他昂起头，说：“这场游戏是我输了，我愿赌服输！”

轰隆一声巨雷劈下，将张果老劈得粉碎。就这样，张果老也被打下凡间。

“驴子啊，我来陪你了。”果老苦笑一下，从天上撞破重重云层，掉落到了人间。

肆

“哎呀……”大哥二哥都从睡梦中醒了过来，伸个懒腰，从被窝里爬了出来。

“大哥二哥，你们醒啦，这是我给你们做的烧饼，尝尝吧。”

三娘子笑着端上来一盘烧饼。

“好吃啊……”大哥二哥赞不绝口，突然发出了“咴儿”的叫声，就变成了驴子！

“体验下驴子的感受吧。”三娘子冷笑着，把“大哥”和“二哥”这两头驴子牵到了驴圈里去。她又将原先驴子套着的绳索解下，绑在了大哥和二哥化成的两头驴子身上。三娘子一挥皮鞭，“大哥”和“二哥”就推起了磨来。原来的驴子呢？当然是去休息了。

之后，但凡有人来住宿，笑话驴子或是想吃驴肉的，都被三娘子用同样的办法变成了驴子。三娘子驴圈里的驴子越来越多，就把这些驴子送给贫穷人家，这样一来，人皆称道，说是三娘子经营有方，为人又善良。之后远近的旅客就都来这里住宿了。

就这样，三娘子越来越富，人们也越发觉得三娘子是个好人，不停地送驴子给穷人。就这样，三娘子把这场生意越做越大，维持了整整十年。

伍

张果老过了好久，才终于睁开了眼。他看看自己的衣服，竟是件道士的衣服。

“不错不错，老李头还是给我找了个好肉身，给了我这么符合我身份的衣服，还给了我几两黄金！我果老可终于可以在人间快活啦！这样吧，我先去东都洛阳看看，瞧瞧当今社会怎么样吧。”果老自言自语着。

他从地上站了起来，拍拍身上的土，找了个附近的人家，问了问这是在哪里。

“这里是徐州，去洛阳往西走就好。路上你可以去住那个汴州的板桥旅店。那里的老板娘三娘子可真是个好人呐！”这家主人对果老那叫一个热情，连路线都帮他规划好了。

“谢谢！”张果老也是十分开心，蹦蹦跳跳就上路了。

…………

“请问哪里是板桥旅店？”果老刚见一个路人就凑上前去问。

“就在那边，”路人手一指，又开始盛赞一通三娘子，“你知道吗，那家旅店老板娘啊可真是个好人，前几天，还送我一头驴子呢！”

“哦？”张果老在赶路时，已经听了不少传闻了，下定了决心去板桥旅店看一看，瞧瞧人间的人是有多么的善良。

不久，果老就到了板桥旅店门前。

“先生是要住房么？”三娘子问。

“是的。”果老忙答。

“先生尊姓大名是？”

“我叫张……赵季和……”果老随口胡说。

“好，里边请。”三娘子笑盈盈地带着张果老进房。

“三娘子，来份驴肉火烧！”外面的客人嚷道。

“好嘞……”三娘子应得有些勉强，“客人你们先吃点我自己做的烧饼吧。”

“好好好。”客人很是高兴，拿起三娘子端来的烧饼就一口咬下去。

转瞬之间，那个客人就变成了驴子。三娘子熟练地拿出一套笼头和嚼子，绑住了那头驴子的嘴，就把那个可怜的驴子牵进了驴圈里。

这一切，张果老全都没有看到。

“哈哈哈，这头驴子可真肥啊。”张果老看着窗外的一头驴子，驴子也在看着他。

三娘子一皱眉，就回房间去了。

天黑下来了，所有的客人都去睡觉了，只有张果老还醒着，想着天上的兄弟们。

这时，隔壁三娘子的房间却传来了一些响动。果老透过墙缝，看到了三娘子的戏法。

“有缘呐……”张果老长叹一声，又呵呵地笑起来，最后从客栈溜了出去。

陆

张果老去其他客栈买了一些烧饼回来，想以其人之道，还治其人之身，把三娘子变成驴子。

第二天一早，张果老就对三娘子说：“来份烧饼。”

三娘子正是求之不得，笑着回去取她的荞麦烧饼了。

“赵先生，请慢用。”很快，三娘子就端回来了一份烧饼，候着张果老吃下去。

“我还要一碗豆浆。”张果老又说，趁三娘子离开后，立刻把

自己准备的烧饼和三娘子的掉了包，等着三娘子回来时就把三娘子自己做的烧饼递给她。

“这是我做的烧饼，还请三娘子多多指教。”

三娘子哪里吃过自己的烧饼？没有任何提防，不假思索地就往嘴里塞，还以为这真是“赵季和”先生做的，道：“好吃，好……”

第二个“好吃”还没说完，她就变成了一头驴子。

“这个感觉，感觉并不陌生啊。”三娘子心想。

“哈哈哈……”张果老朗声大笑，一翻身骑上了三娘子变的驴子，“终于啊，你作恶多端，不停地把人变成驴子，到头来还是自己变成了驴子。”

“咴儿咴儿……”三娘子叫着。

“你只是想让人不伤害驴子，希望人和驴子平等？”

“咴儿……”

“哦，那是为什么呢？”

“咴儿……”

“不知道？哦对，你应该是失忆了吧？”

张果老正一边对着驴子说话呢，一边骑着驴子向外走，突然笑了。

他一个转身，就把脸对着驴后面，背对着驴子头了。

“想起来啦？”张果老大笑。

三娘子心里突然有一扇门打开了。一百年前，张果老给她吃了无忆丹，将她化作人形……张果老现在倒骑着她，一切，还像是在一百年前……

张果老继续倒骑着驴子，向着洛阳走去。

“果老，你把你的驴子找回来啦？！”忽然一道欣喜的声音传了过来。

“吕洞宾？”张果老转过头去。

“是这样的，我们都觉得这个游戏惩罚过大了，所以就想接你回天界……”吕洞宾有些不好意思，突然看到了三娘子化的驴子，也是忍俊不禁。

“果老，你就放了你的驴子吧，正好它也活得有头有脸的，实在不行我去孙悟空那里给你弄一匹马来。”

“那，驴子，不，三娘子，你就重新好好当个人吧。再见！”张果老一挥手，把驴子的鼻子一掰，将三娘子放了出来，就消失了。

三娘子在张果老消失的地方久久跪着，转身而去。

一百年啊……三娘子感慨万千。

叶开老师点评：

大赞！大赞！杨依桥这个"顺驴摸藤"的写作方法超棒，尤其是想到了驴子就想到倒骑驴的张果老，然后想到去查他的资料，发现他死的时候死735年，并对照了《板桥三娘子》的故事发生时间约835年，从这里，你找到了切入口，把两个分隔很远的故事，糅合在一起，而且刚刚好。"三娘子"既然前世为驴，她对驴的亲切感受就合理了。她不爱吃驴，恨别人吃"驴肉火烧"，也很正常。这样，她用法术，把要吃"驴肉火烧"的家伙都变成驴子，更加合情合理了。那个"八仙过海各显神通"的典故，也被你运用得非常恰当，这样，张果老再返回凡尘，正好来到了"板桥店"，并且目睹了三娘子做法，用了"以其人之道，还治其人之身"的方法，把"三娘子"又变回了一头驴。然后，吕洞宾出马，专门下凡来接张果老回到仙界，而劝张果老释放了三娘子。整个故事翻新了，又融合在旧故事里，非常精彩而且合情合理。我很喜欢你的处理方式。关于"三娘子"变成了驴之后，你写得比较简单，可不可以考虑张果老倒骑驴到处逍遥呢？总之，非常棒。

3 女神烧饼

时 践（时浩扬） 六年级

姜子牙下界封神之后，周武王建立了周朝，统治了八百年。这八百年里，天下太平，百姓安居乐业。天上的各路神仙掌管着各自的事儿，继续修炼头顶的金莲。

又过了八百年，到了唐朝，唐宪宗李纯继位，那可真叫一个繁荣兴盛。大街小巷，车水马龙，路边店铺鳞次栉比。天界的神仙看到这种景象，也很高兴，尤其是玉皇大帝。现在阴阳乾坤虚实有度，凡间人事井然有序，没有什么事儿让他心烦。

但是有一位神仙可不怎么高兴。自从他在商纣王身边当了国师一职之后，屡遭败仗，心里恨透了姜子牙。在封神之时，他仅被封为“东海分水将军”，更是怒火中烧。现在，他看姜子牙已经成了元始天尊最喜爱的弟子，就下决心要毁掉姜子牙的一切成就：“这白发老翁，我申公豹一生一世，不为别的，就为了要让他死无葬身之地！”

他用反间计让六合星君邓婵玉对玉虚弟子土行孙产生反感和怨恨，最后和他离了婚。在闲暇的时候，申公豹也会和邓婵玉聊聊天儿，心底是想把她当成羞辱姜子牙的工具。

邓婵玉可不一般，她年轻美貌，性格刚烈，武功也不错，擅长使五色石。她听了申公豹的花言巧语，相信了是姜子牙故意让自己在渑池之战中被高兰英斩于马下。再加上申公豹以前曾当过自己的师傅，姜子牙竭力撮合自己和土行孙成婚，她对姜子牙的怨恨就更深了一点。

有一天，他们和其他几位江湖异士坐在一起商议对付姜子牙的办法。申公豹前几天刚出去走了几圈，打听到消息，说姜子牙的大弟子赵季和几天后将下山，前往东都。他屈指一算，赵季和会路过汴州西部的板桥店，将在那儿住一宿。

“这可是个好机会啊。”一个人说，“只要赵季和一下山，谁也保护不了他。咱们抓住这个时机，让姜子牙颜面扫地。”

“是倒是。”申公豹手捻胡须，“我这次叫你们来，就是想出一个计策。”

这时，邓婵玉站起身，“师傅，小徒愿前往。”

申公豹一看，笑了：“哦，是你啊。你智谋过人，文武双全，这我倒不担心。但是如果只是打赢赵季和，并不能让那姜尚老儿无地自容啊。”

邓婵玉冷冷一笑：“我自有办法对付他。”

当天晚上，邓婵玉就收拾好行李，带上木牛、木人、木耜、木磨各一件。这些东西是当年土行孙所赠，大小不过一根拇指，施过法术以后，它们就会活过来，开始工作，自种自收，速度极快。她化作凡间女子的模样，来到了汴州。在杀死了板桥店的老板娘之后，她用法术生起炉火，拿出那些小木偶来，朝上面吹了一口气，木人和木牛立刻工作起来。木人拉着木牛，拉着木耜，在灶台前耕出一片地。邓婵玉从口袋中掏出一些特殊的荞麦种子，交给木人。不到两分钟，木人就种完了。又过了十分钟左右，荞麦已经成熟。木人收割下来以后，放到木磨中，开始磨粉。很快，荞麦全部磨成了粉，足足有一袋。邓婵玉又朝木人吹了一口气，把它们装回口袋，然后把水倒入荞麦粉中，用法力将其揉好。她一拍桌案，面团和桌上的刀飞到空中。当面再次落下的时候，已经被削成好几片，跌进油锅中。当火熄灭的时候，一个又一个金黄喷香的烧饼已经出锅了。

邓婵玉合上双目，盘腿打坐，等待天亮。

第二天早上，当客人们洗漱完毕后，邓婵玉就扮成老板娘的样子，拿着烧饼走出来，招呼客人。她用眼睛一扫，没有看到形似神仙的人，也没有看到有人头顶上有金莲绽放。心想：可能我来早了，赵季和还没到呢。

一位客人一边吃，一边说："三娘子的手艺真好啊，我已经好久没吃过这样的烧……"话还没说完，他就倒在了地上，发出驴的叫声，其他客人也纷纷倒地。"三娘子"走出来，把它们赶出店外，牵进后院。

然而，这一切都被躲在店外的赵季和透过窗户看得清清楚楚。他睡到半夜，感觉四周弥漫着一股仙气，但又不像。他下了床，走到三娘子房间的窗户边，看到了昨晚的一切，一下子产生了疑心。他也看到了三娘子朝小木人吹气，让它们活了过来。今晚我一定要弄清楚，赵季和心想。

他到四处走了走，收集了一些东西，在太阳将要下山之前又住进了板桥旅店。邓婵玉一看他头戴束发冠，身穿长袍，腰扎束带，脚踏麻履，就知道此人一定错不了。她殷勤地款待赵季和，和他聊路上发生的事儿，表现得一点也不了解他。

太阳已经落下了地平线，漆黑的天地间除了星斗，只有店内的灯光独自闪耀。三娘子跟赵季和道了晚安之后，就回到自己的房间去了。赵季和躺在床上，用师傅教的神魂出窍功定住肉身，真正的魂体溜到了三娘子的房间。他看着三娘子又一次拿出木偶，朝上面吹气，木人自耕自种，自收自割。三娘子做完了烧饼，就回去睡觉了。

这时，赵季和的魂体回到体窍，脚踩着浮尘，静悄悄地来到厨房。他从地上抓起一把土，在手中揉搓。土渐渐变白，最后变成了面粉。赵季和又施展仙法，让水和面在空中混合，揉团，又用三昧

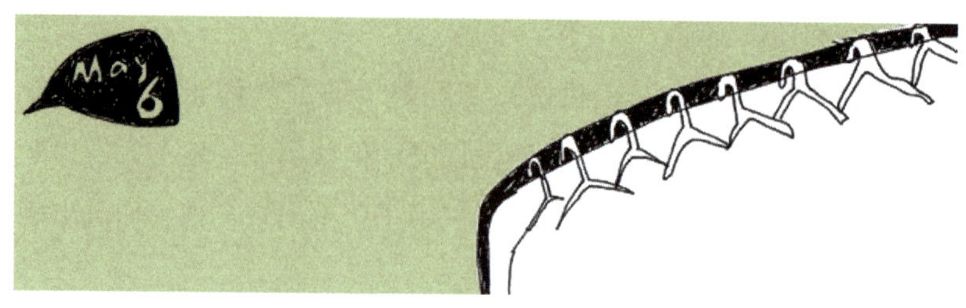

真火将其烤熟。

他拿起三娘子做的一个烧饼，又把自己的那个放了回去。他拿着烧饼，回到自己的房间里休息去了。

第二天，赵季和起得很早。他说自己要早点赶路，请三娘子准备食物。三娘子走进厨房，把自己昨天晚上做的一盘烧饼端到了桌子上。赵季和定睛一看，认出了自己做的那个。他拿起烧饼，刚要吃，又放下了。

三娘子心里暗暗着急：难道他看出了我的烧饼有法力？

只见赵季和站起身，从包袱里拿出和三娘子换过的烧饼，对她说：“这倒很巧，我自己也做了些烧饼。肯定比不上您做的好吃，但请你赏个脸，尝一下吧。”

三娘子一听，松了一口气：“您过谦了。好，我收下，也让我长长见识。”

他们同时抬头，目光相对，看着对方咽下自己做的烧饼。赵季和一张嘴，咬了一大口，边吃边夸赞三娘子手艺好。三娘子看他吃了，心里也放心了，也吞下一大块烧饼。

她刚吃完，就从座位上滚到了地上，手捂着肚子。赵季和倒不慌不忙，直到吃完自己的那块烧饼后，才看着倒在地上的三娘子。

她的耳朵和嘴巴渐渐变长，身体变成了灰色，用四肢着地，发出驴的叫声。赵季和走进屋子，找出三娘子的小木偶，扔进了熊熊火焰中。他能听见木头燃烧的噼啪声，还有木人的哀号声。赵季和搜完了整栋房子，让被变成驴的旅客恢复了人形，然后骑着“三驴子”继续赶路。

四年后，赵季和完成了师傅交给他的任务，骑着“三驴子”又从板桥村经过。他们路过街市的时候，一个老者拄着拐杖，手捻银须，哈哈大笑：“邓婵玉啊邓婵玉，你怎么变成这副模样啦？先是跟我师弟的弟子闹矛盾，现在又被申公豹蛊惑，弄成这个样子，真是可笑，可叹。”

他转过脸，对赵季和说：“她跟了你这么多年，已经受尽委屈了。请你放了她吧。”

赵季和一抱拳，让到一边。那老者走到“三驴子”跟前，举起拐杖，从上而下劈了下去。一道白光，邓婵玉现回原形，拜倒在地，说：“谢太乙真人前来相救。”然后站起身，驾着五色云飞上了天。

老者看着赵季和，微微一笑。他一举拐杖，拐杖变成个一柄拂尘。一道金光，他也消失了。

赵季和过了几秒钟，才缓过神来。他继续踏上归途，向前赶路。

叶开老师点评：

时践运用了《封神演义》里的人物和元素，再次还原了姜子牙和申公豹这对师兄弟之间的恩仇，并且把邓婵玉和申公豹再次组合到一起，形成一个计谋，准备对赵季和下手，让姜子牙丢脸。这个小说的伏笔很棒。不过，唐宪宗那个时代已经经历了"安史之乱"，社会已乱，不再是路不拾遗夜不闭户了。你重构了《板桥三娘子》的故事，这个做法非常有意思。板桥三娘子和赵季和斗法这里，也写得很有看头，包括赵季和分身等。后面结尾赵季和"除魔安良"，抓住三娘子，释放驴子们，是比较典型的传统思维，可以考虑一下特殊处理，比如，赵季和把驴子都送给了人，或者赶到市场去卖了。三娘子变成驴之后，可以深挖其中的含义和细节，尤其是赵季和骑着她东游西逛了四年，这四年可以发生太多的事情了，也可以演绎一下。

4 月儿修仙记

二郎（陈　醉）　六年级

1　月儿

一个月明星稀的晚上。

一个无人知晓的世外桃源中，草屋里，一声啼哭传来，一个女婴降世。父亲看着夜色，给她取名为月儿。

月儿七岁了，她在家里玩闹着。突然听到一声驴叫，呻吟中含着无限的痛苦。月儿循声而去，发现父亲正在驴圈里把一只未满一周岁的小驴提出来准备杀了吃。小驴看着月儿，那绝望的眼睛中流出了两滴晶莹的眼泪，月儿呆了。在父亲即将要手起刀落的那一刻，月儿大喊：

“爹！”

父亲停住了，他惊讶地看着自己的女儿：

“月儿，你在这干什么，回屋玩去，爹还要给你做饭呢。”

“爹，能不能不要杀小驴？”月儿请求道。

“为什么，你不吃肉吗？”父亲很疑惑。

“不是……反正就……不要杀它，今天有点……不想吃肉，我……我想和它玩。”

“哦，哦，好的。”父亲还是很奇怪。

于是那头小驴成了月儿的玩伴，因为它的叫声，月儿给它起名为“恢儿”，在月儿的次次请求下，恢儿终于一次次地逃过了厄运。但是，接下来的事情，让月儿既高兴而又难以抉择。

后来，在读书的过程中，月儿渐渐不满足于隐居的生活，心怀大志的她想要出人头地。

那是月儿十五岁那年，当她已经决定要走出山林，发展自我时，却发生了一件奇妙的事情。那天，她正对着她的恢儿说心里话：

“恢儿，再过几年我就要出去干一番大事业了，我一定会带你去哦……”

这时，奇妙的事情发生了，恢儿张开了嘴，吐出人话：

“月儿，你看到我说话其实一点儿也不用奇怪，我前世是一只远离人群、在山中修炼的驴子，与老君的青牛是朋友，所以见识也不少，由于我前世在阴曹中没喝孟婆汤就溜走了，因而留下了记忆，但是不能转世成人了。别的话不多说了，我记得，如果没错的话，与这里相邻的那座山上有一个仙人，他每三十年都会下山来找徒弟，这几次都没有找到，所以他见到你一定会很高兴的。做他的徒弟，修炼成仙之后你出人头地的愿望就能轻而易举地实现了。你只要明天在咱这座山的半山腰上等他便行。现在已经很晚了，先休息吧。”

月儿听了恢儿的话，感动得说不出话。

2　修行

月儿辞了父母、哥哥和姐姐，在恢儿的带领下，月儿来到了半山腰，拜见了师父，开始了修炼生涯。

在她挑担打水吃苦耐劳的一年过去后，师父终于肯开始教授月儿法术，其中有一个法术的学习极为有趣，月儿现在都还熟练地运用着，当时的情景，月儿记忆犹新。

那天，师父问她喜欢什么动物，最好是家畜，月不假思索地回答道：

“驴！师父，月儿最喜欢驴啦，它们性情温顺……”

“好了好了，不用你说下去，是驴对吧，好——”

师父便拿出一个木耜，一个小木人和一头木牛，取出一瓶水，含在口中并吐在木人和木牛身上，木人就牵着木牛驾着木耜走了起来。

“哇！”月儿惊讶道。

“先别急，慢慢看，慢慢学，别惊叹。”师父还是平静缓慢的语气。

接着，师父拿出一些荞麦，让小人去种，须臾间，荞麦就长好了。月儿惊得合不拢嘴。师父接着将荞麦收割并磨成粉做成烧饼。他先让地上的蚂蚁吃了掉下来的一粒，蚂蚁体积迅速扩大，并变成了一头驴。

“怎么样？”师父问。

“太厉害了！还求师父教教月儿。”

…………

五年后，月儿已经修炼得非常好，师父看她既然还是有出人头地的理想，就没有让她继续修炼，让她下山了。师父将木牛、木人、木耜和一瓶有法力的水送给她，最后给她留下一句教诲：“让你学法术是为了让你去造福平民百姓，你可不能张扬，乱用法术，伤害人们。”师父还为她在凡世中的生活取了一个俗名——“三娘子”，因为月儿在家中排行第三。

3 板桥店

三娘子到了尘世中，用备用钱开了一个小客栈，叫作“板桥店”。但是，由于这里很少人来住宿，因此三娘子很难赚到钱，每个月也就只能养活自己，再没多出几分钱，而且每个月都要交税，她的生活压力实在太大了。恢儿看不下去了，它不能让自己的救命恩人实现不了理想而且连养活自己都难，它对三娘子说：

“月儿，你这样生活下去永远不能实现自己的理想，而且还要被生活的压力所束缚，你杀了我吧，因为我前世的灵气，肉能无限再生，然后你把我做成驴肉烧饼卖掉，你就有钱了。”

“不行，不行的！你是我的朋友，我不能杀你！”三娘子的声音竟颤抖起来。

“求你了，杀了我吧，这也算是我对你恩情的报答，那我死也瞑目了。而且，你如果在这里苦了自己，别忘了你还有父母、哥哥和姐姐在家里等着你的好消息，你如果让自己痛苦，那就是对父母的不孝和不义。”

“不，不，可……可你是我的朋友啊！”三娘子的声音颤抖得更厉害了。

“如果你不敢下手的话，我自杀算了。”

沉默。

“决定好了吗？”驴摆出严肃的样子问道。

“不！我自己来吧。”声音很小，三娘子开始呜咽。

随着哭啼声和钢与骨、肉碰撞的声音，恢儿安详地闭上了眼睛，它，完成了它报恩的使命。

板桥店，也有了提供食物的服务，其中的一大特色便是驴肉烧饼。

半年后，没有人发现，在板桥店吃过驴肉烧饼的人，从来都没有出去过。

4 结束

八年后，三娘子的板桥店已经在汴州出了名，而且，无人不晓的是她家里的驴，那是多得数不胜数！在当地人们的心中，三娘子非常的善良，每次路过板桥店，脚累了，或者拉车的驴累了，三娘子都会送他们几头驴，好不热情！于是把三娘子加上她出了名的客栈，人们都称她为“板桥三娘子”。

板桥店的生意一直很好，直到有一天，一个奇怪的客人来了。那是在大年夜，一般的人都回家过年了，因此板桥店中只有三娘子与那位客人。三娘子看着客人，越看越眼熟，便问他叫什么名字。客人告诉三娘子他叫赵季和。赵季和？哦，就是去年那个因为不饿而没有吃烧饼的人。怪不得怎么感觉那么眼熟，原来是见过，三娘子想道。可是他怎么大年夜了也不回家过年呢？于是，三娘子与赵季和唠起了家常，三娘子正要给赵季和吃烧饼，赵季和再一次推辞了，说：

“三娘子，你家的烧饼真是好吃，不妨也试试我家的吧。”

“可以。”

然而，三娘子在吃了赵季和给的饼以后，过了一会儿，就变成

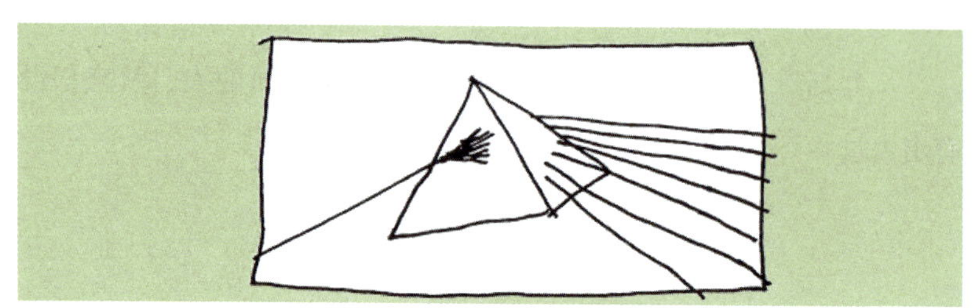

了驴。她非常后悔。

“恶人是不会有好报的！”这是赵季和的声音。

变成了驴的三娘子只好驮着赵季和行走天下。

直到有一天，三娘子驮着赵季和到华岳庙往东五六里左右的地方，看到了她的师父。没想到的是，赵季和先拜见了师父。

什么？他也是师父的徒弟？

三娘子正在思考着，师父已经将她变回了人样。她想起几年前师父留给她的教诲：“让你学法术是为了让你去造福平民百姓，你可不能张扬，乱用法术，伤害人们。”

她又想了想自己的所作所为，惊恐地向师父磕了三个响头。

“师父，月儿知错了，还请师父惩罚！”

原来，因为恢儿的死，三娘子悲痛到疯狂，她把任何进店后要吃驴肉烧饼的人都用师父教她的法术，将来店的客人都变成了驴，所以才会养驴无数，而且不珍惜，常常送给别人。后来，师父想打听一些关于她的消息，便让她的师兄——赵季和作为使者去探查她的情况。三娘子当然不认识赵季和，因为师父三十年才收一位徒弟。在发现她所做的勾当后，便用以其人之道还治其人之身的方法——将自己带的烧饼和三娘子做的调换，将三娘子的烧饼说是自己的而给三娘子吃，所以三娘子变成了驴。

三娘子又想到自己差点让赵季和吃了烧饼，又连忙在赵季和旁跪下：

“差点误伤师兄，还请师兄原谅月儿。”

“你还没有伤到我，师兄就原谅你了。月儿，多好听的名字呀！我还是叫你月儿吧。月儿，看这样子，你没办法在凡世中待下去了，你还是跟着师父好好修炼吧。”赵季和说道。

“嗯。”月儿深知自己犯下的过错，放弃了自己的理想。

一道仙风吹过，月儿和师父便不见了踪迹，只留赵季和一人继续着自己的奋斗……

5 尾声

一百年过后，月儿已经修炼成仙，她的理想不再像少时那般单纯，她现在认为自己的使命是造福天下苍生。后来，每逢大乱，都会有一仙女来平息，那，便是月儿……

叶开老师点评：

陈醉的这篇"月儿"修炼并且下山来开店的设定，一开始就写得很精彩，尤其是把月儿和"恢儿"这只驴子的命运联系在一起，让月儿上山去修炼，而学会了一些法术，来到了世上开店。因为，她还有出人头地的愿望，师父觉得她还是应该回到世上去。但是，三娘子开店，却陷入了贫穷，恢儿提出了一个非常可怕的建议：把它杀了，做成"驴火烧饼"，这样，就可以以卖烧饼赚钱了。你这里写到，因为吃了这些驴火烧饼的人，都会变成驴子。但是，这就伤害了无辜了。你的想法，和很多同学一样，对伤害无辜的三娘子，采取了惩罚措施。而赵季和，就是惩罚她的人，而且，也是师父的徒弟之一，只是，他们入门时间不一样，并不认识。你的作品后面，写三娘子洗心革面，最后修炼成"仙女"，每逢大乱都来平息人世间的纷争，愿望非常棒。恢儿很重要，后面也可以写月儿成仙后又找到了它。这样作品更完整。

5 5116号文明

张小源（张源） 四年级

引

在一个星际舰队上，一个古怪的声音喊道：“快！下去，下去，下去，下去……赶紧登陆蓝星（就是地球，因为地球在太空中看起来是蓝色的）！被发现就来不及了！”

大耳朵单眼外星人一队一队地下来。

这是来自飘狼星系的5116号文明，其科技进度是人类大约再前进几千年——当唐朝人还自傲地以为“自己是天下的中心”时，5116号文明就已经可以从一个星系跃迁到另一个星系了。他们是来让地球成为5116号基地的。地球资源丰富，物产丰饶，这个星球虽说一定不是全宇宙最好的，至少也是银河系第一。他们觉得，这个星球让给蓝星人简直就是糟蹋了，因为蓝星人的科技太落后了，简直就是宇宙里一个个保存完好的活化石，干脆一个“蓝星炮”把蓝星人全都轰掉算了。

蓝星炮是他们用了300多年的时间发明出来的，意思就是“毁掉蓝星人的炮弹”（The crump from hell即来自地狱的炸弹），只对蓝星人有效，投下一弹，蓝星人就没有了。而且没有辐射，对地球无害，他们分分钟可以把蓝星人灭口，如果是现在，那么自以为强大的美国蓝星人放多少核弹都没有用，一颗蓝星炮弹放下去，他们就一点儿不剩了。

其实放这个蓝星炮到地球上超容易的，但是，他们还是派了一支小分队去考察一下地球的环境是不是适合他们。这就是为什么这支舰队降落到了蓝星上，而不是直接轰了他们。

第一章　完美感

他们手握着芯片，摇身一变，变成了“像模像样”的蓝星人，他们互相瞪视着，几乎同时用蓝星语说：“太棒了！好完美！”听见自己在说蓝星语，他们不约而同地笑了。

5116号文明一直生活在昴宿星上，非常耐热，而且进化到可以让皮肤维持在舒适的温度，但这也是一种缺陷——他们感受不到真实的温度，一直都是舒适的。自古以来蓝星人自由地生活在舒适的环境里，自身不需要大幅度调节就能适应自然的变化，成了蓝星人，就可以像蓝星人一样感受外部环境。

他们排着队走着，突然一阵冷风刮过来，把他们冷得缩成一团。

“啊……”他们边叫边发抖，不过，他们其实很高兴，他们平生第一次感受到了什么叫冷，这让他们好兴奋，有些昴宿星人还去“拥抱”冷风，冷并开心着。

第二章　体验版

但是，意外发生了。

天空黑压压的一片，等等，不对，居然还起雾了，浓浓的雾伴随着大暴雨。5116号文明哪里体验过这样的情况？蓝星人早就习惯了，可是昴宿星人不清楚状况啊，“啊，什么都看不见了！”“什么？我听不见！！！”本来慌乱的昴宿星人更慌了，他们四散奔逃，横冲直撞，很快都走散了，还有些冲进了一个小城，就是汴州城里。

只有一个人没有动，他吓傻了，像一棵无辜的小草，坐在大雨里，拿出了隐形手机，默默地打起了昴宿星流行的复古游戏——王者荣耀体验版！（游戏铃声：让你有一种身临其境的享受！为了自由！赶紧拿起大刀杀杀杀！祝你五连胜！游戏愉快！）他点击了一下“蓝星人模式”，立刻跳出了一堆英雄，女的彪悍，男的酷帅，

他悲催地看了看他的蓝星游戏金币，只点了个“限免”的安其拉，便进入了游戏。他疯狂点着一把“刀”，还有旁边的法术，一次又一次地被其他人“over”掉，幸好队友给力，打掉了“水晶球”（长得像他们的蓝星弹）。然后呢，他赢了，稀里糊涂地得到了200蓝星游戏黄金。

第三章　遭遇4116号文明

一个名叫克昂（舰队的指挥官）的小伙计为了躲雨，东跑西跑，跑到了一家客栈门口，刚想进去休息一会儿，便听见了一个蓝星人用蓝星语问：“哎哟，来了个这么帅的小伙子！来来来，我一定好好招待你。”他被这么客气的话哄得美滋滋的，也没顾及她这么热情是不是太不正常之类的事，认为蓝星人都这么好，赶紧跟着进去了。

她问：“你要吃什么？”克昂因为不好暴露身份，又不好意思让别人知道他不知道蓝星上有什么菜，只好支支吾吾地回答：“我，来的时候吃过了。”

“哦，原来你不是本地人啊！你从哪里来？”

“从，从飘狼星……呸，那边一个小城来的。”克昂害怕她发现自己说漏了嘴，拿起手来随便指了一个方向。

“哦。”她只是皱了皱眉头，“那儿啊？那是洛阳城。”

“嗯，我就是从那里来的。”克昂发现了一根“救命稻草”，赶紧顺着往上爬。

“那好远啊！到这里来起码两天呢！”她用手做沉思状，看了看外面的日晷。

“天不早了，赶快去休息吧。”她指了指一个房间。

“哦，对了，你叫什么？”克昂问。

“嗯，名字嘛……早就忘记了，大家都叫我板桥三娘子，你叫我三娘子就好了。”三娘子居然有点慌乱样子。

“哦，好。”

他走到房间里，找了个最贴近墙角的床铺，因为这样安全感强一点。

夜里，一片漆黑，克昂翻来覆去睡不着，想：我怎么去找其他队友呢？突然，他想到了定位器——可以定位队友的位置，赶紧往腰间一摸，还好，没丢！他放下了心，可是还是睡不着，突然，他听见了一个声音：“加油！赶紧拉！快点把麦子种好，明天就可以干掉那个昴宿星人！”

“啊？”克昂起疑，小心翼翼地起身，透过纸糊的窗户，模糊地看到几头木驴——很小很小，只有手掌那么大，昴宿星上也有这种玩具，在拼命地拉一个东西，然后一个独眼，没有鼻子的人在撒下一个又一个的“颗粒”，踩好，踩实，喷了些水，很快就长出了一些绿油油的东西。

克昂不想往下看了，因为那个人，不是三娘子。

不是三娘子，不是三娘子，不是三娘子！是4116号文明的人，他们来这里干吗？不好，这里有诈，明天早上我就离开，赶紧找到队友，告诉他们危险来了！

花絮　4116号文明

4116号文明是全宇宙里的强盗，占有行星116万颗，大多数都是抢来的。他们科技最发达，行动敏捷，但是慢攻是他们的专属，他们人均寿命很长，平均200岁左右，善于打持久战，不知不觉中慢慢吞噬掉你，等你发现，他们就会突然快攻，百战百胜，他们永远都是这么打的，但是这个方法永远管用，因为你从未发现你的星球已经被入侵。

到了一个星球，他们会从一些小工作做起，但是用的都是他们自己的东西，所以东西都会在一夜间被调包成“弄死你们的专属”，一用上，你差不多就已经快死了。

天亮了，克昂醒了，准备走出大门。

“唉，等等！我给你做了几个饼，吃掉再走吧。”三娘子追过来说。

“你不是蓝星人对不对？”克昂一看到她，一句不经大脑思考的话就轻易地说出了口。（下一秒，克昂顿时恨死了自己。）

三娘子一脸惊慌：“你，你，你，好啊！你偷窥我的房间！”

“……”

“哼！”

三娘子按下一个隐藏在墙角里的按钮，瞬间大门紧锁，一闪，嘀，果然是4116号文明的人。

她举起了枪。

克昂想：“反正我没有武器，那这里的东西，至少可以给我做个掩体吧——”

想都没想完，一发子弹就飞过来了，克昂闪身一躲，子弹射在了离他只有几厘米的地方。“好险。”他惊道。如果我没反应过来，那我就惨了，他心想。

几发子弹又射过来，克昂像一个卷饼一样，快速地在墙上翻滚，三娘子像射靶一样，几发子弹极其精准地射在了他先前待的地方。

“哎哟我勒个去，这速度，这精湛的枪法，名不虚传啊！我接下来怎么办呢？被困的时间越长，我就越难逃出去，我先去开门吧。”克昂想。

他边闪子弹边往刚刚三娘子按的按钮旁挪去。

啊，近了，更近了，更近了！克昂把手往按钮上按去，可是就是够不着，他又缩进一点。但是他也知道，缩在一起是一个不明智的举动，而且他这个目标实在太大了，原本这个小屋子就不够他躲，现在缩在墙角，更容易击中了。问题是他无可奈何，为了逃出去，只能这么做了。

三娘子也发现了，她瞄准方向，往按钮上一射，“丁零零零——”按钮瞬间报废，几个零件在地上打转转。

“哦不！”克昂说。

“哼哼！看你怎么逃！”三娘子阴险地笑了，一发魔鬼的子弹已经出膛。

“啊！！！”克昂一声尖叫，使劲全身力气，往前一跳，侥幸地躲过了这发子弹。

“只能撞门了。”克昂想，“这个门的按钮既然可以操控，那肯定不是这么简单就可以撞掉的，要让三娘子亲自把它打烂。我把她的枪口引向门口吧。”

他向门口逃去，三娘子的枪口紧跟着他。

克昂故意紧靠着门口，使出了他先前躲避子弹的功夫，像个卷饼一样，无论怎么样，就是不躲到其他地方。

三娘子也看出了他的用意，她换了一把枪，射到门上，一点反应都没有。

“好吧。”克昂想，“只能来硬的了。”

他看了看已经不太完整的门，一个猛子往上面撞。

“咔啦啦啦——轰——”门就被悲剧地被撞开了，克昂才不管那些扎人的碎木块，一个劲儿地往外冲。

“我要抓紧时间赶紧集合队伍，要尽快攻占蓝星。”克昂想。

第四章　发射

克昂发射了一个“全体集合”的讯号，几分钟后，大家全部都集合在了飞船上。所有人都在叽叽喳喳地谈论蓝星人：“哦！蓝星人的黑色料理太棒啦！”

“对啊对啊！”

只有一个人笑了笑，清了清喉咙：“我会玩蓝星人的王者荣耀体验版了，买了好多彪悍的女人和酷帅的男人。”

（全体笑翻）

“全体上飞船！蓝星上有4116号文明的人，我们要把他们消灭掉。”克昂激动地说。

“嗯……”其他的人却很沉重。

第五章　艰难的决定

“准备发射！”克昂高叫道。

“准备发射炮弹！”

“发射口正常！”

“导航器正常！”

“追踪器正常！”

…………

舰队的射击手——一个壮实的男子，他的手颤抖着，不像往常那么利落地放在了发射按钮上，只要一按，汴州城的生命就统统毁了，数不清的生命掌握在他的手上。

射击手犹豫了。

克昂催促道：“嘿，快点，这样我们就立了大功了，快！”

射手沉默着。

“快啊！”克昂叫道。

“我好喜欢这座小城，它挺好的，里边的蓝星人挺好的，他们很热情，很平和，没有像其他的宇宙文明斗争那么激烈，他们就像一家子，就算遇到陌生人，也会像以前见过那样热情。我到那里时，有好多陌生的蓝星人都纷纷拍我的肩，询问我从哪里来，晚上，没有地方住了，也有好些人家愿意招呼我借宿一晚。可是，要消灭敌人，这座城里的蓝星人也会遭殃……我到底该怎么办？”

当射击手以来，他第一次犹豫了。他曾经杀几十万个人都毫不犹豫，可今天，面对几个强大危险的敌人和他们本来打算灭掉的蓝星人，这寥寥数千条生命，他为什么犹豫了？

克昂被激怒了，他抓起了枪，砰的一枪，那个射击手就倒下了。他亲自走上了射击台，正准备操纵发射，突然，咔嗒一声，子弹上膛的声音响起，克昂往后一看，竟发现一个队友举着枪，两眼闪出以前从未拥有的凶光。

“你，你，你，你想干吗？！”克昂被这突然的袭击给吓着了。

“你，杀了我们的同伴！”一种奇怪的口音从队友口中说出。

“他不听我的命令。”克昂说。

“你还要毁掉蓝星人！”又一个队友举起了枪。

其他人也纷纷举起手中的枪。

“你们，你们，难道都要反叛5116号文明？！”克昂虽然害怕，但是还是装出一副领导者的样子。

突然之间，几把枪同时开火，没有再次反应过来的克昂被击中了心脏。

“你们为什么要这么对我？”克昂发出了最后一句话。

克昂像垃圾一样被扔进了宇宙中，他死都不明白为什么这样。

回到两小时前……所有人（除了克昂）仿佛在睡梦中，又仿佛在现实里，迷迷糊糊地进了一个小房子里，只见他们的身体内一股白色的东西冒了出来，然后又一股海蓝色的东西飘了进去，之后，他们迷迷糊糊地走了出去，又各自走开了，过了两分钟后，他们就清醒了，什么也不记得了，产生了对克昂舰长深深的恨意。

这很好解释，他们的灵魂被调包了，换成了4116号文明的灵魂，如果问是谁干的，星际史册上没有记载，但是这个人显然很重要。

他们——这帮4116号的间谍，回到了昴宿星上，给昴宿星星主写了一封信，宣告了不能攻占蓝星的消息。事后，几个人因为要检查大脑结构，而被发现，处死了。

一场星际大战，一触即发。

后　记

昴宿星人不知道的是，蓝星已经被4116号文明“侵入”了几十年。

为什么4116号文明这么久也不打下蓝星呢？

原因很奇葩：因为4116号文明被蓝星人俘虏了！以大唐深深的魅力。

在他们，包括5116号文明，准备攻占蓝星之前，一定没有好好去了解蓝星人——对，蓝星人科技很落后，落后得打他们都不需要制定好计划，他们没有什么含有高科技的武器，打起来就是瓮中捉鳖。但是蓝星人一直存在，因为文化。

蓝星人因为文化流传下来，任何文明都被他们所吸纳。比如4116号文明，他们心甘情愿保护蓝星人，保护蓝星。他们就降落在了中国——崛起的大唐时期，一个拥有文化魅力的时期，这段时期的文化、经济、艺术，还有海纳百川的胸怀，把4116号文明深深地俘虏了，无法自拔。

蓝星人拥有了一个强大的保护者，这也是为什么蓝星——蓝星人，依旧存在。

叶开老师点评：

张源这篇外星入侵版的“板桥三娘子”的处理，十分好玩。大唐的文明，真的有这么强烈的吸引力和融化吸纳力吗？连4116号文明的“星际强盗”们，都被他们“洗脑”，心甘情愿地爱上了“蓝星人文明”，而且还在这里设立据点，来保护他们不受其他高科技外星文明的侵占或者毁灭。你这个设定，结尾还带着反转，实在太厉害了。至于5116号文明，来自“飘狼星”的这些家伙，看起来虽然科技极强，却“情商太低”，很容易就被“4116版三娘子”消灭了，收拾了。哎呀，这个处理方法，简直是太厉害了。尤其是，可怜的指挥官“克昂”，愣是被“洗脑”了的部下消灭了，导致整个完美的入侵计划可笑地失败了。既然三娘子就是“4116号”文明的强盗之一，我觉得你还可以考虑写写她的特别之处。例如，她怎么来地球的，她有什么特别的爱好，她为何愿意帮助地球，是不是被蓝星人迷住了，诸如此类。

6 麦之趣

星雨亦（唐华景） 四年级

熙熙攘攘的大街，人来人往，车水马龙，拥挤而喧杂。

有一家关了门的店，特别安静，古旧的门板，没有门把手，带着岁月的痕迹，门前积灰，门上刻着三个字：麦之趣。

没有人注意它。

有几个少年去推门，推不开，走了。

晚上，月光诡异地洒下，照亮了“麦之趣”三个字上的蜘蛛网。

突然，几个黑影一晃，蹿到麦之趣门口，在“之”字上用力击打，竟发出轻轻的铃声。

门开了。

几个人飞快地闪进去，门缓缓合上。

店内，竟是个大院，清幽树影，潺潺浅溪，环境非常好。

在几个雪白的大圆桌边，围坐着一大群人，都是清石帮的高手。进来的几个人坐好了，他们便开始讨论。其中有一些巫师会法术，各有所长，法无第一。但是若排野心，清石帮定是不下前十名的。清石帮以掌法精妙、剑术奇幻为特长。两个月前，蓝钻教的“飘鹿双煞”失手杀了清石帮帮主的两个儿子，本来就想灭掉蓝钻教的清石帮帮主在狂怒之下打定主意要把蓝钻教灭门。

清石帮正在各地活动，因此约定好分批到麦之趣集合讨论战策，然后各自在蓝钻教的聚集地——蓝钻山，下埋伏，修炼，等到齐了一起进攻。

麦之趣的老板娘答应假装关店，给他们专场。一个约莫十八岁的女郎，穿了一身莹莹润润的翠绿衣衫，衬托着她那白瓷般的光滑雪白肌肤，吹弹可破的脖颈与脸颊，长长的大大的丹凤眼眼波流动，盈盈微笑。清石帮的人叫她板桥三娘子，其实她才不是麦之趣的老板娘板桥三娘子呢，她叫曲灵雁，是蓝钻教的“飘鹿双煞”中的一煞，善于轻功和使毒。

蓝钻教早知道清石帮的打算了，因此清石帮那见过板桥三娘子的两个传话小卒都被蓝钻教杀了，然后使了个调包计，让曲灵雁去冒充老板娘把清石帮的高手干掉。蓝钻教屡受清石帮挑衅欺压，死了不少人，这次刚好可以报仇。

今天来了第一批清石帮高手。

“板桥三娘子，拿烧饼，老子饿死啦！”

清石帮的人粗暴地大叫。曲灵雁嘻嘻一笑，清清脆脆地应了一声，取出几盘焦黄松软的饼来。

曲灵雁会法术，这些饼，是她昨天晚上用巫具——一个魔法木人种的巫麦做的。曲灵雁望着他们大吃，周到地给他们倒酒，满脸微笑，态度很好。但是在她灵动眼眸的深处，闪动着一丝狡黠，没人注意。

不一会儿，巫术的效果猛现，所有吃了饼的人全变成了驴子。

曲灵雁咯咯地娇笑，脸上却无笑意，眼睛闪动着复仇的快感，她的死党、父母和表哥几年前都死于清石帮之手，如今她终于报仇了。

“哼，你们害死了好多人，也不让你们抵命了，只是以后你们可要辛苦啦。”

曲灵雁冷刀般的目光挨个刺着驴子们，突然抬起手，弹起了随身带的蓝钻小古筝。

过了一会儿，在远处也响起乐声回应，一个蓝钻教男子从天而降，从麦之趣拉走了驴。

几周过去，曲灵雁就像这样用巫麦麦饼“消灭”了五批清石帮的高手。

可笑，清石帮居然还没察觉到异常，以为高手们正埋伏在蓝钻山下等待进攻呢。

有一天，一个叫作赵季和的清石帮巫师单独来了麦之趣。他扮成了书生模样，下巴上几束乌油油长须，轻袍缓带，柳叶眉，大眼睛，神情甚是潇洒。他自称赵季和，说自己因为前几天有事，所以被安排单人一批，是最后多加的一批。

曲灵雁装得十分欢悦，给他端来饼，又去取酒来给他倒上。

赵季和掏了一块饼，对她说："板桥三娘子，我帮万分感谢你的帮助，这饼施了法术，吃了永不得病，请你笑纳。"

曲灵雁不好推辞，只能吃了。

突然，她眼前一黑。咦，她睁开眼，自己怎么……变成驴子了？曲灵雁惊恐地尖叫，却发出难听的驴叫。她急得要哭了。

赵季和得意地大笑："板桥三娘子，不，曲灵雁，你居然没有认出我。我在第三批清石帮的高手聚会时，来过你这里，看你偷偷地对麦子施了法，知道你干的好事。我那天没吃饼，溜走了。这次，我把烧饼调包了，你吃的其实是你自己做的烧饼。哈哈，你变成驴子很不错啊，我正准备去华山隐居，有了你这驴子可赚了。"

从此，曲灵雁一直让赵季和骑着，生活一点也不轻松。

赵季和背叛了清石帮，拿了曲灵雁的种麦木人，偷了清石帮的镇帮之宝——一个练法的神器，离开麦之趣，骑着曲灵雁驴不停蹄赶向华山，打算躲藏起来练神功。

曲灵雁每天要负重走很远的路，蹄子磨损得厉害，浑身肌肉发酸。但到底练过法术，吃得很少，却也不消瘦，纵跃轻盈，且从未迷路。倒便宜了赵季和，白得了一头优秀的驴子！

有一个清晨，他们路过一片麦田。麦田里的麦子像一片金黄色的海洋，生机勃勃地在风中漾动。

麦田边有个长须长发的老人，看见驴，突然轻轻地笑了："咦，灵雁！这位兄弟，你放了她吧，她并不是个恶魔。"老人一拂袖，把赵季和从驴背上拨下，又示意他骑上旁边的一匹马。

赵季和见他轻松一拂就把自己拉下，又须发飘扬一身仙气，只怕是个和曲灵雁一伙的老巫，不敢多嘴，骑了马就跑。

老人在驴子口鼻处一掰，曲灵雁从驴皮中爬出，望望麦子，认出是一片巫麦，又看看老人，不禁秀发一颤，盈盈下拜，恭恭敬敬地叫道：“师父！”

老人长眉微动，道：“我一听说你参加了清石帮和蓝钻教的争斗，就赶去麦之趣阻止，刚好看见你被那清石帮叛徒赵季和变成了驴。唉唉，大家为什么要斗个你死我活？何苦呢……”

“师父，”曲灵雁又拜了一拜，“可是我要报仇。”

“报仇？报什么仇！”老人叹道，“不过是争口气而已。你就算不杀，过个几十年他还不是自己会死？”

曲灵雁微微一怔，这个她倒没想过。

师徒二人向蓝钻山走去。

叶开老师点评：

星雨亦的《麦之趣》写得真是太有趣了！你在“板桥店”这个小小的场景里，设计了一个两大帮派恶斗的情节，而让“曲灵雁”这位蓝钻教的高手，埋伏在“板桥店”，把意图来消灭蓝钻教的清石帮高手，一批批地变成了驴子。这个设定，真是好，也非常好玩。你对武侠小说，怎么也这么熟悉呢？写得真是惊心动魄啊。赵季和被你设定为清石帮的巫师，他在第三批被灭的高手中逃脱，一直处心积虑地想回来，回到板桥店，想办法战胜"三娘子"，然后把她的法宝据为己有。这样，赵季和就拥有了三样珍贵的法宝了。我觉得，你还可以再想一下，为何赵季和会叛教？他要这些宝物是不是用来自己修炼？后来他有没有试过运用这些宝物呢？还有，赵季和在给三娘子吃烧饼时，写得稍微仓促了一点，还是学原文的气氛处理，那样显得更好。因为是重要的情节，是整个故事要发生重大变化的地方，反而需要好好地描写，为后面赵季和调换了三娘子的烧饼，并把她变成驴子作充足的铺垫。

 原来如此的故事

莞若清风（龚莞清） 五年级

引子 樱

在遥远的森林里，百花仙后在一棵茂盛的粉色樱桃树下产下一个女婴。女婴没有哭泣，睁着一双明亮的黑眼睛四处打量这个世界。随行的女仆抱起女婴，仙后为她取名为樱。

第一章 乔道士的出现

随着春夏秋冬的变化，随着法力的不断增长，随着无拘无束的孩童岁月的流逝，樱渐渐变成了一位亭亭玉立的大姑娘。

森林里，一切都很美好。金色的阳光透过茂密的枝叶洒在地上；各种花儿竞相开放，吐露出幽幽的清香。樱坐在森林里最高大的一棵树梢上，望着远方的城池。那儿，是樱到达不了的远方。因为，长长的城墙挡住了一切。

这一天，樱跑到树林的边界去玩耍。她身为花仙国的公主，自然拥有比一般的仙子更高的法术力量。樱飞跃过棵棵参天大树，用法术制造幻术之火。火燃在树梢，树却没有烧焦，一会儿，火焰变成了一朵红色的花，开放在枝头。接着，花儿的花瓣变成羽毛，花蕊则变成喙和头颈——花儿变成了一只凤凰。凤凰飞呀飞，飞在空中时，忽然掉落，羽毛四处飘落，一着地就变化成一棵棵小蘑菇，然后，就消失在空气之中。

“小姑娘，你在树上做什么？”

樱吓了一大跳，向下望去，只见一位老者，头发胡子全部花白了，但脸色通红，鹤发童颜，黑眼睛炯炯有神地望着樱。

“您是……”樱从来没有见过这位老人，便问。

“老夫来处暂不可说，不过在游历时偶遇此处的皇帝，见他患有重疾，便答应帮他治病。”老人笑眯眯地说，“我现在化身为一名道士，到城外来是为皇上寻找治病的草药。你就叫我乔道士吧。那你又是谁？”

樱听说老人是从城里来的，眼睛一亮，纵身跳下树来，问老者一连串的问题：

“我叫樱，您说您是从城墙那边来？太好了，城里有什么好玩的？有什么有意思的新鲜事物？皇帝是什么？道士又是什么？喝什

么？吃什么？用法术吗？”

“哦！你的问题可真多！不过我光说解释不清楚，要不你帮我一个忙，我带你穿过城墙，到城里去逛一逛，亲眼瞧一瞧怎么样？”

“这简直太好了！什么条件，尽管说！”

“你是这一带的人，一定对这些地方十分熟悉，不知你有没有见过‘猫眼草’这种植物？”

“猫眼草？名字没听说过？请问这草长什么样？”

“猫眼草细细长长，泛着猫眼石的光泽。开花后拥有猫眼石色的小果子，果子大约有指甲盖那么大。这种草十分稀有，传说要千年一开花，万年一结果，不过一粒果子就可以治疗重病呢！”

“哦，您说的就是‘石草’哎！这是这片森林的特产。我们这里大量种植这种草药，只要有人生病了，就用石草的果实治疗。不过，我们从不给外人这种神药，所以，除了我们的森林以外，在哪儿都求不到石草！但你们说的千年一开花，万年一结果，是不懂的人以讹传讹罢了。石草常年开花结果，不论春夏秋冬都一样的。”

“真的吗？那太好了，给我带一株你们所谓的‘石草’吧！”

“好啊。”

樱闭眼作法，不知从哪里飞来一束金光，落在她的手上。等金光散去，一株漂亮的石草便出现了，一粒小果子点缀在叶子尖头。

“你会法术？不错，不错。”乔道士边捋着胡须边点着头道。

樱却不以为然，说：

“这是花仙的国度，人人都会施法。难道城里没有人会法术吗？”

“有是有，不过就是些占卜师运用的占卜术或道士的一些符咒罢了。”

“占卜师是什么？我太好奇了，现在就带我到城里吧。”

“嗯，好的。不过你这一身衣服有点奇怪。”乔道士望着樱的树叶裙说。

“那应该是什么模样的呢？”

“比这个朴素一点就行了！”乔道士取出一张《仕女图》，指着上面的人给她看。

樱摇身一变，就变成了一位大家闺秀：身着红衣裙，裙摆处用银线绣着百花图；头戴一枝樱花簪，显得清秀可人。

“嗯，不错，走吧！”乔道士说。

第二章　英雄救美

城里车水马龙，商人高声叫卖，百姓们在商铺与商铺之间来回穿梭。布匹、陶器、器具等物品琳琅满目，让人看得眼花缭乱。樱被这繁华热闹的景象迷住了。她知道乔道士还有要事要做，便和乔道士说：

“这里太好玩了，我想在这儿住一段时间。”

乔道士看看她，知道她有法术不会吃亏，便道：

“好吧！你要留在这里也可以，但要注意安全。切记，万不可在外人面前施展你的法术，否则你会被当成妖人处死！”乔道士小心地叮嘱着。

“嗯！我知道了，谢谢你哦！”

和乔道士分开后，樱独自在街上溜达。这瞅瞅，那摸摸，对一切事物充满了好奇。就这样过了半月余，樱便没了当初的兴致，准备找到乔道士道个别就回森林去。

这一天，樱正在路上走着，忽然在一条巷子口看见一群横行霸道的大汉正欺负着一位千金小姐和她的一位侍女。樱心生怒气，想暗中施法帮助主仆二人。这时，一位翩翩公子路过，见状挺身而出并赶走恶霸。主仆二人十分感激，樱可以看出那位千金小姐眼里充满了仰慕之情。樱从来没有见过这一类的事情，认为这很有趣，便先不回森林，打算看看这一场“英雄救美”的故事。

那位公子目送着主仆二人走后，便转过头，拐入旁边一条小道。樱施了一个隐身法，悄悄跟在那位公子身后。只见他走入一条脏兮兮的小巷子，巷子里蜘蛛网四处缠绕，垃圾满地。巷子最里面有几个人，手里拿着酒壶，瘫坐在地上。樱吃了一惊，心想：这样的翩翩公子怎么会来这里？她往前走了几步，又一次吃了一惊。因为她发现那些醉汉正是欺负千金小姐的那帮恶人。不过，这位公子是怎么找到这里来的呢？他来这里又是要干什么呢？正在樱百思不得其解时，就见那位公子竟然跟恶霸打了一个招呼，然后说：

“伙计们，干得不错！”

伙计？我没有听错吧？樱心想。

“得公子夸奖真是不错，哈哈！该给钱了吧。”一名醉汉说道。

公子从袖子里掏出几两银子递给醉汉们。

“这次多亏了你们，要不然，我怎么赢得那位官家小姐的心啊。明天我就要找个媒人，到小姐家提亲。等我赢得了‘官家女婿’的头衔，大富大贵之时一定不会亏待了你们！”

好一个伪君子！可怜了那位官家小姐啊。我必须得想出一个办法。樱心想。

离开巷子以后，樱左思右想，终于想出一个好主意。她来到离官家小姐家不远的一处空地旁，用法术造出一间漂亮的酒楼，并施法变出一些烧饼，吃了这些烧饼可以让人变成驴子。

第二天，那个伪君子果然随着一个媒婆来到官家小姐的宅院前。怕官家老爷会反对这门亲事，他先让媒婆进院说明来意，自己则在外等候消息。正四处闲逛着，瞧见新开了一家酒楼便走了进去。樱化身成侍者，给他倒酒端烧饼。伪君子才咬下一口烧饼便变成了驴子。

把伪君子变成了驴，樱的心中自然很高兴。不过，她想到这天下应还有不少恶霸。于是她向酒楼施了一个障眼法术，只有那些心怀不轨、欺男霸女的恶人才会看到这座酒楼，并进入酒楼喝酒消遣，而心灵纯正的人则看不见这座酒楼。

结尾　板桥三娘子

樱开了这座酒楼之后，惩治了许多心怀不轨的人，并且通过这种方式来净化那些人的心灵。樱对自己的行为非常满意，并改名为板桥三娘子。本以为她就这样一直生活下去，直到有一天，店里来了一位叫赵季和的客人……

叶开老师点评：

莞若清风写的是一个“板桥三娘子前传”，而且是花仙国的公主。她在花仙的国度里无忧无虑地长大，她有法术，玩得很高兴，只是对远处的城墙内有些好奇。直到有一天她碰到了乔道士要采集“石草”去救人。这样，就把“樱”和城墙外的世界，结合到一起了。你在“樱”进入了“人类世界”之后，发现了他们的邪恶，例如，“英雄救美”的这个桥段，被你改写了，一个纨绔子弟纠集几个坏蛋，演出了一个双簧。而这一切，都被“樱”看在眼里，她为此开了一爿店，做了老板娘，并盛情招待了“假英雄”和他的死党们。从此，"樱"成了"板桥三娘子"。你这个想法多好！不过，美丽绝伦的花之公主，为了人世间的"欺骗"而愤然开店，这个真的值得吗？另外，她出来这么久，百花仙后她们不会来找她吗？还有，乔道士出来这么神奇，后面竟然不见了，是不是也应该写一下乔道士后来怎么样了呢？

8 板桥客栈

新　桐（徐洁琦）　五年级

“三娘子，我希望你能妥善运用我教你的仙术！法术不是用来害人的，而是除去人间罪恶，否则……又与沦落的坠仙有什么两样呢？”

“是，师傅，徒儿一定真心悔改，造福人间！”

——引子

第一章　三娘子

三娘子从小是由姑姑带大，对任何仙术一窍不通。有一天，一个老人来到三娘子家，要求收她为徒，自此，三娘子进了深山，跟随师傅学习仙术，但野心却日渐增长。

第二章 逃跑

三娘子对深山里的生活已经厌倦许久了，她想出去见见世面，但师傅却管教得很严，除了每个月两次下山买些生活用品外，都不允许她下山去游荡，怕出差错。

三娘子终于忍不住了，在一个夜晚，她偷走了师傅的摄魂器（一个木偶和一匹木牛）到了山脚下的一个城市，想自己去谋生，干一番大事业。

三娘子到达城市时已经是黎明了，各个早餐店已经开了门，吃了早餐后，三娘子在一条名叫“板桥”的街上租了一栋小楼开起了客栈。客栈就叫“板桥客栈”， 客栈装修得简单而朴素，前厅放着一排一排的木质桌椅，后面及楼上是客房，后院有一片草场和木棚，店门口挂起一块木牌，上面写着：

板桥客栈

提供：住宿、茶水、饭、换乘所需的马车；

收费标准：按个人单价计算。

因为三娘子待客态度很好，她的小店越办越兴隆，因此人们都亲切称她为“板桥三娘子”，但他们都没注意到一件事：三娘子的店里只有进去的人，没有出来的。

此时，在深山里，三娘子的师傅正焦急地寻找三娘子和摄魂器，他知道他最害怕的事情已经发生了。

第三章　赵季和

赵季和是一名深修道士，他有时候出来游山玩水看景作诗。这天晚上他刚好投宿在三娘子的客栈里，由于时间较晚，一楼只剩下一个房间，而且是最里面紧挨着三娘子的房间。

夜里三娘子给大家上茶，又陪着喝了半天酒。赵季和正处于修行之中，不能沾酒气，因此只陪着吃了点心喝了茶水。

半夜人们都喝够睡了，三娘子熄了灯也睡了，赵季和躺在床上，一点睡意也没有。忽觉旁边三娘子的房间有响动，他透过窗缝一看，不由得大吃一惊：只见三娘子正指挥着一个木偶牵着木牛耕一块地，又让木人拿起锄头，把地给挖出一排排的小坑种上麦苗，又从衣袋里拿出一小瓶绿色液体，每个坑里倒一滴，然后盖上土浇了一点水，小麦立刻长出来，而且其生长过程绝对不超过五分钟。

眼看着瓶里的东西快用完了，三娘子从床底下拿了几种草药，用药杵捣碎之后从床边的缝里拿出一种浑身上下散发着绿色荧光的植物。

赵季和一眼就看出那是变形草。

三娘子把变形草的叶子掐掉一片和其他草药混合在一起用水稀释后，那绿色的液体便做成了。

干完这些后，三娘子又操纵小木人将收割的麦子做成面粉，然后又用这种方法种植了草莓、苹果等水果。三娘子还自言自语道："明天用这种速生植物给他们做蛋糕，效果肯定不错，一定都能变成健壮的驴子。”赵季和看到这里只觉得后背寒毛倒竖。三娘子此时已熄灯，赵季和躺在床上，想办法打算避开明天的早饭。

第四章　变形

早上三娘子摇早餐铃，房客们纷纷起来吃早饭，三娘子端出了一个水果蛋糕以及其他的食品。赵季和还想着昨天晚上看到的景象，仍心有余悸。他张了张口想提醒那些人，不要吃任何食物，却说不出话来。

他对三娘子说：“我还有些事儿没办完，就先告辞了！”

三娘子把他送出店门。

过了一会儿赵季和又悄悄地溜回来，顺着窗户缝往里面偷看，只见那些食客边吃着食物边愉快地谈话。赵季和不禁疑惑起来，他们吃了好像也没事啊，难道是我多疑了吗？

这时，其中一个刚吃完一块烤苹果派的房客突然脸色大变，脸上的笑容凝固了，他身上的皮肤开始长毛，四肢都变成了蹄子。在前一秒钟他还在慌乱地问道：“我怎么了？我起了什么……嗯昂嗯昂！”但立刻变成了短促的驴叫，其他人也起了一样的变化。

三娘子高兴地哈哈大笑：“哈哈！这些驴子真不错，可以用来

干活，让它们拉车拉磨都是一把好料子。如果在大脑里面植入心灵控制器，又能给我的速生加工大队新添几个成员！这两匹灰色的去拉车，这匹黑灰的和额头上有白斑的去拉磨，剩下的去生产大队加工种子好了。”

她用鞭子抽打着那几匹被选中去干粗活的驴子，“走，快点走！别老磨蹭，我耗不了一天陪着你们。”

过了一会儿，她又回来把另外六只牵了进去。“准备好了吗？”她奸笑着说，“要植入控制器喽！嘿嘿……”过了一个小时，驴子都出来了。它们头上都有一根天线，明显都是做过手术的，三娘子把它们牵到后面操场上的一个大木棚子里，赵季和非常庆幸自己没有吃三娘子的糕点。

第五章　惩罚

赵季和打算救出那些人，于是他先去一家糕点店当学徒，半年后，他又来到了三娘子开的客栈。

这天晚上只有他一个人投宿在客栈，没有其他人。

三娘子照旧热情地接待了他。

第二天，她又和以前一样端上了水果蛋糕以及其他食品，趁着三娘子去拿茶水的当儿，赵季和把早已做好的替代品拿了出来，换了一下，吃了自己做的那一份。

三娘子把茶端上的时候，赵季和对她说：“你做的蛋糕可谓是人间美味，请你也尝尝我的蛋糕如何？”说罢，便从袋子里拿出了三娘子做的那一份。三娘子也没多想——径直切下一块送进嘴里，还没等她评论一番，就已经倒在地上变成了驴子。

“好了，三娘子！现在知道错了吗？跟我出去走走，去领悟自己犯下的过错吧！”赵季和走前也带走了摄魂器。

一年过去了，赵季和骑着驴子四处走，好不快活。直到他来到三娘子下山的地方，只见进山路口站着一个老者，三娘子认出是师父，便“嗯昂嗯昂”叫着，像在求救。

老者一下子就认出是三娘子。便对赵季和说：“她虽有过，但现在痛改前非，给她一次机会吧！”

得到赵季和的允许后，撕开驴皮，三娘子从里跳出拜见师父回山上去了。

几年后，三娘子学业已成，再次来到原来的城市里，这回她以诚心待人，在城里也收获了满满的好名声，三娘子也明白：你用真心去对待别人，别人也会用好心待你！

叶开老师点评：

新桐的这篇魔法版《板桥三娘子》的设想，是“三娘子”跟随师父修仙，却耐不住寂寞，偷了摄魂器木偶和木人，然后下山，在街上开了一爿板桥客栈。三娘子让人变成驴子的法术的关键，是一种“变形草”。加入了变形草之后，那些烧饼才终于具有变形的能力。你有没有想过，为何变形草能让人变成驴子，不是变成其他的什么东西，例如变成一条狗或变成一只鸟，而是变成一头驴呢？这个，是不是精准控制的法术？这个内容，还可以想得更离开原文一点，例如板桥三娘子她把人变成驴子的目的是什么？是为了赚钱，还是为了修仙？她中了赵季和的圈套之后，变成了驴子被骑着跑了四年，是非常悲惨的经历。这个经历，是不是可以写一写？很多内容，都可以写的。

9 上帝之眼

黄铭楷　六年级

我是恶。

人们认为我是可怕的、邪恶的，其实，只有我自己才知道，我掌管着公平，而非真正的邪恶。当有人的好运太多时，我就会夺走一些；同时，当有人太过悲惨时，我也会解救他于苦难之中。可是，人们不理解。他们哭诉着，埋怨着，控诉着，责怪我的无情，痛恨我夺走了他们的幸福。而哪天他在痛苦中被我解救时，反而觉得自己重获快乐是靠自身的拼搏。这些愚蠢的人类！

而我，只是冷眼旁观，注视着人情世故，同时降下相应的惩罚。

有一天，一个人引起了我的注意，这个人就是板桥三娘子。

她是人，却学会了妖术。

这点史无前例。

用妖术，她造了一间客栈，然后骗往来的客人入住，接着用妖术在自己做的烧饼里下药，将客人变成驴子，再夺走他们的钱财。

对她的行为，我不置可否，只是饶有兴趣地看着她接待了一个又一个客人，变出了一头又一头驴子。那时正是战乱年代，没有人注意到三娘子的店从来没有出来过一个活人，只有我注视着一切，注视着三娘子犯下的罪越积越多。

终于有一天，她的罪过到达了临界点。那天，她一连请了一群客人，将他们全部变成了驴。这时，她已将总共99名客人变成了驴。

我明白，天谴该来了。

第二天，一个人来到了三娘子的店。他叫赵季和。

赵季和也不是个寻常人。他疑心重、警惕心强、机智、勇敢，且有一番枭雄的胆量。当他发现三娘子的秘密时，不仅没有害怕、紧张，反而充满了兴奋。第二天，当三娘子把下过药的烧饼做给客人吃时，他借着外出的名义，离开了客栈。我以为他会逃走，将三娘子的所作所为告知官府，让三娘子罪有应得，结果，他留了下来。

趁板桥三娘子将那些刚刚变成驴的客人赶入驴舍，赵季和潜入三娘子的房间，将她刚做的烧饼调换成了自己的烧饼，接着，他若无其事地走回房间。

“回来了？”三娘子问。

“嗯，我还买了些烧饼。”

“你买了烧饼？”三娘子显得非常失望，“我都做了些烧饼，好等你回来吃呢。”

赵季和假装非常惊讶："这样吗？我不能辜负你的好意，要不这样，我吃你的烧饼，你吃我买的烧饼，好吗？"

"好啊！"三娘子大喜过望，连忙拿起赵季和调换过的烧饼，递给他，自己吃下了赵季和给她的烧饼，而这烧饼原来是三娘子自己做的，自己还得意扬扬地以为大功告成了呢。

看着三娘子亲口吃下了自己的烧饼，天上的我不禁哈哈大笑，心中想，天谴总算来了。

我连忙降下人间，亲眼见证三娘子被自己的药变成一头驴子。

赵季和自然看不见我，但学会妖法的三娘子看得见我。看见我，她的脸色马上变了，显然，她认识我。

"放心，我不是来惩罚你的，你已经被惩罚了。"我淡然一笑，指了指三娘子还没吃完的那个烧饼，马上，她就明白了我的意思。

"不——"还没说完，她就开始变形，耳朵变长，长出四肢。她变成了一头驴子。

成为驴子的她哀求地望着我，发出一声又一声恳求的嘶鸣。我知道，她在求我，想让我把她变回原形。可是，我怎么可能会毫无理由地救一个人呢？我不带感情地笑笑，转身飘然而去，留下毫不知情的赵季和得意地骑上三娘子，带走她的财物，前去云游四方。

一开始，我原以为赵季和在骑过三娘子后会丢下这头驴子，把她卖给酒店做驴肉火烧吃。可是，他居然骑着三娘子走了大半个中国，从长安走到杭州，从杭州走到成都。一路上，他无时无刻不在虐待她。他用鞭子抽打她，用脚踢她使三娘子继续前进，什么办法都用过了。

对赵季和的行为，我没有生气，因为我知道，这是三娘子在赎罪。

终于有一天，当三娘子被骑了整整三年，我知道，是时候解救她了。为了让赵季和相信我是神仙，我以一个白胡子老头的形象出现了。

我出现在一条僻静的小路上，我的正前方，赵季和正骑着三娘子朝我走来。

“哟，这不是三娘子吗？”我拍着手哈哈大笑。三娘子被折磨以后，变得又瘦又脏，十分狼狈。

看着惊讶的赵季和，我笑了：“赵季和，三娘子虽有罪，但这三年已经够赎罪了。你放了她吧。”

赵季和连忙解开了驴子的鞍。

我走到驴子身前，手用力地撕开驴皮，三娘子从皮里跳了出来。她向我拱手拜谢，然后飘然而去，看也没有看赵季和一眼。

“赵季和，她的罪已经赎清了，你的罪有一天也要偿还。”我平静地看向赵季和，“每个人都会穿上属于自己的赎罪的驴皮，而你，也不例外。”

一挥袖，我消失得无影无踪。

叶开老师点评：

《上帝之眼》是一个非常棒的题目，而且你也顺应着采用了"上帝视角"，就是无论什么都能看见的"全知全能"的作者。看着这个世界的一切，包括三娘子开店，把人变成驴，以及赵季和的出现，并把三娘子变成驴，盗走她的所有财物和宝物，骑着驴到处游山逛水。你的这些处理方式，把原文中的精华都吸收了。这个非常棒。你看到的是一个"低纬世界"，因为是"上帝之眼"嘛。但是，可以突然变成一个老人吗？可以救了三娘子之后又突然消失吗？这个思考的依据在哪里？比如，狼昨在她的写作中，开设"上帝视角"，她是设定世界为一个程序，而更高的文明在操纵、维护这个程序，这样，就非常有逻辑了。你要给自己的"上帝之眼"找到一个特别的逻辑。

10 贝加儿历险记9

吴沁蓓　二年级

“耶，我又抓到了一个娃娃，是个驴娃娃。”贝加儿在广场上又蹦又跳。

“能不能把这个驴娃娃送给我？它大大的脑袋像一个大水滴，耳朵像飞机的旋翼，眼睛是那么有神，嘴巴是半圆的弧形，总感觉像想说些什么又不能说一样，这驴毛简直和真的一样，还穿着蓝色的T恤，好可爱！”姜黄儿说道。

“不行，不行，这个小驴娃娃我也很喜欢。”贝加儿把小驴娃娃抱得更紧了，生怕被姜黄儿抢走。

回到了家，贝加儿已经疲惫不堪了，抱着驴娃娃盖好被子浑浑噩噩地睡着了。

有一天晚上，贝加儿睡得迷迷糊糊，忽然听到一些声音：“贝加儿，贝加儿，快醒醒，快醒醒，我有话和你说。”

“谁，谁，谁？”贝加儿左看看，右看看，上看看，下看看，什么人也没看到。

“贝加儿，是我，小驴。”驴娃娃的叫声比刚才大了些。

“你，你怎么会说话呢？你不是一个娃娃吗？”贝加儿很不解。

“是我在说话，我告诉你，我叫小风笔，我爸爸叫小风头，我不是一头普通的驴。我妈妈是板桥三娘子，我妈妈本来是一个人，但是赵季和调换了我妈妈的烧饼，还把我妈妈做的烧饼给了我妈妈吃，让我妈妈变成了驴。赵季和骑着我妈妈变成的驴游逛了三年，经常不给我妈妈食物和水，幸好碰上一头公驴经常把他的食物给我妈妈吃，也就是我的爸爸，没过多久，因为他们互帮互助，爸爸爱上了妈妈，妈妈也爱上了爸爸，后来就生下了我。生下我后，妈妈让我和爸爸一起生活。在一天早上，赵季和骑着我妈妈去一个寺庙，是一位老神仙认出了我妈妈，并把我妈妈变回了人，后来我和爸爸就再也没有看到妈妈了。”小风笔开始哽咽了。

贝加儿摸了摸小风笔的头。

“我和爸爸回到家后，爸爸整日不吃不喝，没过多久，爸爸因为太想念我妈妈，也死了，我就成了孤儿。”小风笔继续说着。

贝加儿听着听着，流下了眼泪，贝加儿随手便把宝石放进了自己的口袋。

“我一直独自在外流浪着，有一天我碰上了一个道士，他发现

我是一头会说人话的驴，还知道我知道很多事情，就对我施了法术，抽去了我九层的驴魂，就留给我一层驴魂，让我变成一个驴娃娃。但是不知道为什么，天天和你在一起，我的知觉开始慢慢恢复了。”小风笔说道。

贝加儿知道真相后，便和小风笔成了亲密无间的朋友。

一晃三年过去了，贝加儿每晚抱着小风笔睡觉，小风笔已经恢复了自己的八层驴魂了。

“还有两层，还有两层到底怎样才能恢复？”贝加儿问道。

“我也不知道。”小风笔摇了摇头。

贝加儿抱着小风笔去找那个聪明的鸟鸟名。

鸟鸟名想了很久，突然说道：“是不是心脏和血液？”

“有可能。”贝加儿赶忙拿起剩下的一颗宝石变成了驴的心脏，心脏一变出来，便跑到了小风笔身体里去了。

“现在就差血液了。”贝加儿便飞快地跑回家，蹑手蹑脚地从姜一牙的房间拿了采血的仪器，又飞快地跑到鸟鸟名家，用针刺了下自己的手指，血流了出来，鸟鸟名用采血管把血接住，最后他们喂小风笔喝下。

可是，小风笔还是没有反应，贝加儿只好拜托鸟鸟名照顾小风笔，自己回家继续想办法了。

第二天一大早，鸟鸟名醒来发现小风笔不见了。

“是不是被小猫小狗叼走了？”鸟鸟名自言自语道，“这下完了，我怎么向贝加儿交代呀？贝加儿一定会用脚踹我的。”

话还没有说完，只见有人敲门，打开门一看，只见一头小驴提着两篮子满满的果子：“嘿，鸟鸟名，干吗呢？我是小风笔呀，快点帮我接一下呀，我快累死了！”小风笔喊道。

鸟鸟名兴奋地紧紧抱住小风笔，立即把贝加儿叫来一起分享这个好消息和满篮子的果子。

“小风笔，你终于变回了小驴了，但是你也不能和我一起回姜一牙家了，你暂时和鸟鸟名一起住好吗？我会经常来看你的。”贝加儿说道。

“好的，好的，谢谢你们，我很喜欢鸟鸟名。”小风笔笑着。

屋子里传来一阵阵的欢笑声……

叶开老师点评：

吴沁蓓的“贝加儿历险记”系列写到了第九篇，这个小风笔的角色设计，非常精彩。脱离了板桥三娘子的限制，而是写她的后代一个驴娃娃小风笔，她本来是变成驴子之后的三娘子和一头公驴结婚生下来的小驴子，但是后来一个坏道士把她的九层驴魂都剥离了，只给她留下一层驴魂，让她成了一个"驴娃娃"，也就是一个玩偶。只是见到了贝加儿之后，她才慢慢恢复自己的灵魂。这个想法超好。尤其是最后，贝加儿用自己的眼泪钻石，帮助小风笔恢复了最后的两层灵魂，让小风笔重新变回了一只可爱的驴子。而这个，也是鸟鸟名的主意。我觉得，从改编的角度看，你这个小驴子已经离开了板桥三娘子的限制，想得很灵动了。有没有考虑过，小风笔后来去找她的神仙妈妈三娘子呢？也许，这只可爱的小驴子，也会修炼成仙呢。

11 蓝莓派里的玄机

开羽大人（李羿辉） 七年级

“我绝不希望你再做任何违反科学精神的事，尤其是拿人做活体试验。”先行者看着瑞秋，严肃地说，“要时刻记住：科学是用来造福人类的，不是拿来搞破坏的，也不是拿来出风头的。”

说完，先行者按下了手腕上的按钮，化为一阵光波，消失了。他消失得很突然，就如他的出现一样那么突然。

那句话，给了瑞秋很深很深的感受。

先行者走后，瑞秋回到了西餐店，沉思了一个下午——她决定：将自己的基因研究所重新装修，改造成一个对外开放的食疗馆。

从此之后，谁也没有见到过这样一番景象——一位顾客走进西餐馆，一个小时后，一头穿着一样的驴跑了出来，随后又被拖进去。

瑞秋把她的生产大队改造成了食疗小分队。

新增了食疗的项目以后，板桥西餐馆的生意是一日更胜一日。

馆长瑞秋的最新食疗发明：鬼黄瓜蘸洛特蓝莓果酱。两种新研制的植物，配在一起，每天吃三碗，一个月，消灭癌症顶呱呱！

就凭着这项发明，瑞秋获得了好几项诺贝尔奖。

她的心中始终有着一句话，那是先行者告诉她的："科学是用来造福人类的。"

八月。

"啊！终于放暑假了，朋友们，high起来！"赵季和的宿舍内是一片狂欢。

这是赵季和两年以来第一次放暑假。他太期盼这个暑假了。

因为最近终于研发出了关于G病毒（一种能让人类永久性变成丧尸的病毒）的解药，病毒研究院院长张院士给予全体研究员一个暑假，这可能是他们收到的最好的礼物了。

狂欢过后，赵季和计划，带着四个哥们出去旅游。

到了中午，赵季和一伙人来到了一家西餐店，招牌上写着——板桥西餐厅。

一进门，老板娘热情地迎了上来，赵季和很快就认出了她——

"瑞秋！"

“季和哥！”

我们先来介绍一下这位老板娘：此人名叫瑞秋，家里排行老三，在和平板桥边开了家西餐馆，所以大家都喊她叫“板桥三娘子”。原先和赵季和在同一所研究院，后来因某种原因，调到了另外一所研究院，与这所研究院相隔比较远。

“瑞秋，你咋在这？”赵季和问。

“离这不远有座山，上面有很多奇花异草，老板叫我来研究这里的植物，我就来了，顺便开家店，增加点收入，现在工作可轻松了。”瑞秋说，“对了，我给你们安排房间住下吧，我们店有个规矩——对于第一次来的顾客，我们给予一折优惠，所有的都是一折，房间也是。你们去挑吧，想住哪间就住哪间！”

挑完了房间，赵季和一伙人在附近逛街，逛了一下午。

晚上，瑞秋请赵季和一伙人喝酒，赵季和说他常年接触病毒样本，身体不太好，喝了点果汁。吃完饭，赵季和要帮着收拾碗筷。

“不用不用，我来收，你们快去休息吧！”瑞秋收走了碗筷，“我现在去洗碗，一会儿我还有植物样本要研究呢，新研制出来的植物种子要成熟了……”

贰

平常在工作上，赵季和每晚都要忙到深夜，睡眠一向不好，今天也一样，翻来覆去睡不着，再加上同宿舍的这四个哥们呼噜声快把房顶掀翻了。

赵季和无心睡觉，便穿上衣服，出了店，逛逛夜市。

在大街上漫无目的地转悠着，转到了一个钢铁的大棚里。

他看到了许多驴头人身的机器人，这些机器人有的在加工面粉，有的在揉面，有的在做蓝莓果酱，有的在做凉拌黄瓜并把它密封（那些黄瓜的样子非常怪）——每一道工序几乎都是几秒就完成的……

看来这并不是一家简单的西餐馆，而是一家内有玄机的西餐馆……

这不禁让赵季和心生疑惑——这个大棚又不像是催熟或者什么的，而且现在也不是蓝莓成熟的时候（蓝莓的成熟时间是会有一些波动的，一般是在每年的六七月份，不过也会根据生长环境的不同发生变化，所以采摘蓝莓的时间大家也需要注意），这些蓝莓是怎么来的呢?

忽然，里面传来了一声驴叫，接着又传来了一阵细微的声音，听起来像是瑞秋的：

“叫什么叫……把你变成驴子你还不老实……”

赵季和跑出大棚，来到小研究所后面。

他来到一扇窗户后面，赵季和掏出了红外监视球（已连接赵季和的平板电脑），准备放到窗台上，但由于它太重了，放到窗台上时发出了一声响——“当……”

赵季和正准备掏出平板电脑查看监视情况……

“谁？”瑞秋喊道，她的脚步声越来越响，越来越靠近窗户……

当瑞秋将脑袋探出窗户的同时，赵季和早有准备——他迅速地打开了平板电脑上的王者荣耀，装作边走边玩的样子（好险）……

“是你啊，季和哥，你怎么不睡觉？”瑞秋问道。

“我……失眠，在这附近转转，玩玩，散散心，你看我排位都打到荣耀王者了……”

“哦，那，你记得要早点睡啊，别困着，对身体不好。”

“好哒！”

瑞秋关上了窗户，把红外监视球也关到了里面——好险，她居然没有发现那么大一个监视球！

赵季和轻手轻脚地来到窗户下面坐下，把音量开到最小，忽然，一个黑影从他面前一闪而过……

紧接着，又是一道白影，从另一个方向闪过来……

黑白两个影子，同样的速度，撞在了一起，一个高大的人影赫然出现在他面前。

“你是……什么……人……”赵季和问道。可能因为太黑，可能因为那人戴着头盔，赵季和看不清他的真实面貌。

“你好，我是先行者，你叫……赵季和，对吧？”那个人影尽量压低声音说，看起来他不像坏人。

“嗯……你找我有什么事？”

“这个给你，用最新生物材料合成的隐身斗篷，能穿透物体，还能调节大小，拿着吧。”那个叫先行者的人给了他一块棕色的布。

“那个……”赵季和还想再多问几句，但先行者早已化为一道黑影，消失了……

为了更好地监视，也为了保护那差点遭殃的监视球，赵季和准备要用隐形斗篷盖住红外监视球，他将隐形斗篷向后一抛——好家伙，正好把监视球盖了个严严实实！

现在开启监视模式……

红外监视球效果果然好，通过红外连接，赵季和在平板电脑上把瑞秋的行动看了个一清二楚。

瑞秋从一个大铁匣里掏出了一个玩具大小的机器人，一包蓝莓种子（包上还贴着标签：洛特蓝莓），一个玩具大小的小机器车，还有一包小麦种子。

“播种模式，启动！”瑞秋按下了手中遥控器上的一个按钮，小机器人发出了声音，然后，小机器人坐上小车，后面载着蓝莓种子。

瑞秋先让小车开到自己的第一块室内试验田，小车一边撒着种子，一边喷水。

撒完了种子喷完了水，小车的下方发出了红光，它用红光把整块试验田都照了一遍，整个过程不超过三分钟，试验田里的“洛特蓝莓”长出来了，个个颗粒饱满，还沾着露珠（赵季和将监控图像放大后看到的景象，搞不懂哪儿来的露珠）。

“收割模式，启动！”瑞秋按下另一个按钮，小机器人喊了一声，小车前方伸出两把小型圆锯，不到五秒钟收割下来了全部的蓝莓，收割的速度令人咂舌。

瑞秋用同样的方法收割了小麦，并按下遥控器上的一个画着驴子的按钮，照了一遍蓝莓和小麦，然后，将这些蓝莓和小麦装到纸箱子里，通过传送带将它们送出去，叫外面的“驴头小分队”进行加工。

“很棒，你们的任务完成了，跳进来休息休息吧！我也该睡觉了，明天一早做早餐！”瑞秋说完，拿起一块发光的板子，小人和小车便跳了进去。

瑞秋把板子收起来，自己关了灯，睡觉了。

“天哪，这个比催熟食品还要快！会不会有激素什么的……不懂那个按下画着驴子的按钮发出的光是什么……”赵季和起了疑心，出于一向的谨慎，他在谋划着如何找借口逃掉明天的早餐……

第二天，一行人起了床，退了房，准备吃了早饭再走，今天他们计划去乐山大佛游玩。

瑞秋亲自为他们做了早餐。

“嘿嘿，刚开店不久，手艺还没有练熟，你们就将就着吃吧……”瑞秋谦虚地笑了一下。但是除了赵季和外，其他四人已经口水直流三千尺啦！

“瑞秋……那个……”赵季和吞吞吐吐地说。

“怎么了，季和哥？”瑞秋不解。

“我昨晚去吃夜宵了，晚上吃得太多，肚子不舒服，很抱歉吃不了你做的早餐了……”

“没关系，等你好了，我一定给你做更多的！”

“我先去方便一下……一会儿就回来。”赵季和捂着肚子，匆匆跑出去，装着很急的样子，“啊啊啊！我要大号……”

瑞秋望着赵季和的背影，小声地说了一句：“最好别回来……有这四个也就够了……”

他跑到宿舍大楼的后面，用一个虫洞将自己传送到了宿舍里。

到了宿舍，赵季和掏出平板电脑，查看监控——原来，他趁瑞秋不注意，把用隐形斗篷包得严严实实的红外监视球放到了桌子上，瑞秋也碰不到，昨晚用过的监视球正好放在瑞秋的实验室里。

通过监视球，赵季和看到吃完了瑞秋做的蓝莓套餐的四个人中，有一个人说：“我感觉头有点晕，这种感觉愈来愈强……”

另一个人说：“你当我不是啊……”

第三个人说：“我感觉身上越来越热……”

第四个说：“我……感觉……浑身……喘不过来……气儿……”

几分钟后，四个人竟统统晕倒！

完了，赵季和想，这里不会是孙二娘的黑店吧！他们会不会被拿去做人肉包子？不，这里是西餐店，会被拿去做人肉汉堡的……

“老板娘，他们是……”一个服务生走过来问。

“把他们抬到研究所，我跟你一起。”瑞秋说。

肆

四个人醒来，发现自己正躺在实验室里。

其中有一个人脸上露出了惊讶的表情，张嘴，发出了一声驴叫：“嗯昂嗯昂！”

随后，其他三个人也叫了起来：“嗯昂嗯昂嗯昂嗯嗯噶……”

瑞秋大笑。

“好了小家伙们，帮我干活吧，你们两个去加工小麦，你们两个去加工蓝莓。记得：小麦里不能有一粒糠，蓝莓不能有一粒籽儿，我喜欢完美！赶快给我干活去！”瑞秋给它们穿上机甲一样的衣服，让他们像人一样站立起来，去加工小麦和蓝莓。

“嗯昂嗯昂嗯昂嗯嗯噶……”一阵响亮的驴叫后，他们同其他驴子一样干活。

瑞秋此时还不知道，她的一举一动都被精明的赵季和录了下来，一清二楚。

赵季和正在想办法，他要救出那四个人，并要以其人之道还治其人之身，给瑞秋一个教训。

伍

他去离这里最近的地方买了几个蓝莓派和蓝莓面包，颜色和样子都和瑞秋的一模一样。赵季和把它们放凉。

他带着这些蓝莓派和面包，走进了瑞秋的餐馆。

“回来啦季和哥！尝尝我的手艺吧！”瑞秋见赵季和回来了，说。

“我告诉你，其实我也会做蓝莓派，手艺也不是很好，突然想起来我之前来的时候带了几个，现在有点凉了，将就着吃吧，我的手艺也烂。”赵季和说。

“没事，互相学习嘛！稍等下，我去趟卫生间……”瑞秋把蓝莓派端上来，就去了卫生间。

赵季和惊奇地发现——自己的盘子也和瑞秋的一样！

趁她没回来，赵季和把自己的那份派和瑞秋的派连同盘子调了包。

瑞秋回来了。

“我尝尝你的手艺如何……”赵季和拿起一个派（他买的）咬了一口，“不错嘛，谦虚什么，凭这手艺早都该进厨王争霸了！”

“我也尝尝你做的……”瑞秋也拿起了派，刚咬下一口，觉得有点噎得慌。刚咽下去，就发出一声驴叫：“嗯昂嗯昂……”几秒后，就趴在地上变成了一头驴子，还是机械驴子！

“哈哈，瑞秋啊，你也有今天！走，跟老子出去兜兜风！”赵季和哈哈大笑。

一路上，赵季和骑着它，游山玩水，痛快极了。

陆

直到他遇见了一个人。

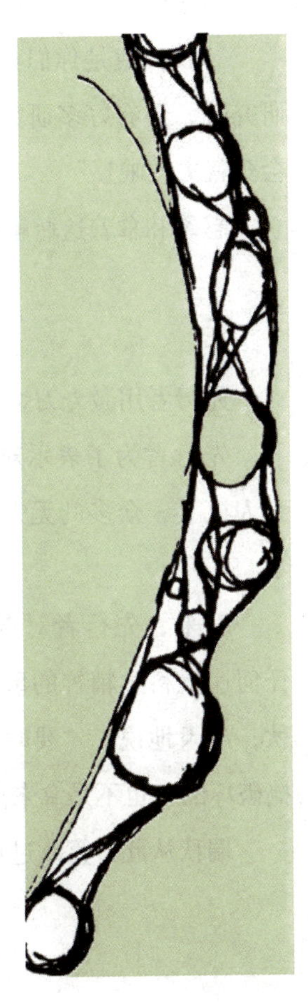

赵季和骑着机械驴子，看见一个老人，穿着炫酷的机甲，正缓慢地飞行着——他几乎是突然出现的。

赵季和隐隐约约记得，这个人的轮廓，和那天夜里在黑暗中看到的那个黑影的轮廓一模一样！

“你好，先行者……”赵季和骑着机械驴子赶了上去。

先行者转过身，没搭理赵季和，倒是用头上的红外检测仪扫描了一下他骑的机械驴子，然后大笑道：“瑞秋是怎么搞的？变驴子了？”

赵季和就把事情的来龙去脉给先行者讲了一遍。

“你把她放了吧。”先行者说，“她虽然做过许多坏事，但我相信她会改的，我会跟她说的。”

“给，拿着！”先行者仿佛突然想到了什么，从口袋里掏出一小瓶琥珀色的液体，“解药，回去你可以把它们变回来，真遗憾，现在只研发了一瓶，只够四个人用。不过我会让瑞秋研发更多的。”

“哦……”赵季和突然想起了什么，“你到底是谁？”

“我？我是你们和瑞秋的研究院院长的上司，是我创办了这些研究院，还有好多研究院呢！时间紧急，你快去救一部分人吧，一会药就失效啦！”

赵季和拿着这瓶解药，回西餐馆去了。

后　记

先行者用激光刀熔化了铁皮，瑞秋跳了出来。

先行者为了表示对她的惩罚，让她研发出120升的解药，装到无人机上，众多的无人机负责喷洒解药，一场“生化革命”就终止了。

后来，先行者对瑞秋进行了一场谈话：“我绝不希望你再做任何违反科学精神的事，尤其是拿人做活体试验。”先行者看着瑞秋，严肃地说，“要时刻记住：科学是用来造福人类的，不是拿来搞破坏的，也不是拿来出风头的。”

瑞秋从此打算改过自新……让我们期待她的努力吧！

叶开老师点评：

李羿辉的这篇《蓝莓派里的玄机》写得脑洞超大，把三娘子塑造成一个"生化狂人"，又把赵季和塑造成一个科学家，还把"先行者"塑造成一个研究界的前辈，这样，整个故事，就发生了质变，甚至连"烧饼"都变成了蓝莓派，哈哈。而且，你在关键细节上，也处理得很细心，先把三娘子的故事，做一个提前交代，接着对赵季和偷窥进行改变，还加上打王者荣耀的梗，非常特别。我觉得，用科技、科幻的方式来处理《板桥三娘子》的素材，是一个极佳的创意。我有点好奇，那些变成驴子的人，怎么会被改造成机器人呢？碳基生命和硅基生命怎么兼容？这个变化太大了，蓝莓这样的生物制剂，能发生那么大的作用吗？这个问题令我感到很纳闷，可以好好再研究研究。

12 择驴记

星　霜（田静怡）　四年级

很久很久以前，人族和妖族共同生活在这个世界上，随着时间流逝，他们不再相互信任，他们开战了。而我——福娃，妖族的一个普通小妖却什么忙也帮不上。

我常听老妖们说，深山里有一位老神妖，名叫无名，他精通各种法术和奇门遁甲，许多妖想拜他为师，可他从不乱收徒弟。我下定决心拜他为师，可他不轻易收徒，我该怎么办呢？

我想出一个妙计：我在他的山下挖了一个大坑，假装掉进坑里，然后大声呼救。我的呼救声传到老神妖无名的耳里，他下山来救我。我顺着他的绳子爬上来，跪着说："我一定要报答您的救命之恩，请您收我为徒吧！"

无名神妖叹了口气："他们都说我从不乱收徒弟，其实我每一百年收一个徒弟。今天正好是一百年整，我就收你为徒吧！"

我高兴极了，一边磕头一边喊："师父！"

师父看我生得乖巧伶俐，认定我是一个好学生。他教给我众多法术，我最喜欢的是"魔法麦子"，这一招可为武功也可为法术。这个魔法麦子遇火会爆炸，简直就是炸药麦子！如果把麦子做成食物给人族吃了，人就会变成毛驴。驴子在妖族里是最神圣的动物，每年要选一头最完美的驴子祭奠妖族亡灵。

我学会了师父的所有法术，可以下山了。

下山之前，师父说要送给每位弟子一件礼物。大师兄选了一张百发百中的弓，二师兄选了一张能找到任何东西的地图，三师兄选了一袋永远喝不完的水和一块永远吃不完的肉。师父偏心我，让我选两件东西，我选了一件隐身披风和一个种地套装—— 一个小人、一副种地工具和一头小牛。因为这个种地套装可以配合我使用魔法麦子。

此时，战争已经结束，妖族大败。我随一小部分妖们悄悄潜伏到人族。我怕热，找了一个凉快的地方，那里有一条河，名叫板桥河，我化作人形，开了一个客栈，取名"板桥客栈"。我又给自己起了一个人族的名字：板桥三娘子。我友好对待每一个住店客人，渐渐发现有些人族不是那么恶毒。但是我没忘记我的使命——为妖族提供祭祀的驴子，现在不打仗了，炸药麦子派不上用场了，我的种地套装大有用处。

我先用友好的笑容迷惑客人，用种地套装种出的魔法麦子做烧

饼给他们吃，把他们变成驴子，再选出很多好看的驴子（有两颗大门牙，短耳朵，卷尾巴，不同颜色的眼睛）给妖族做祭品。

终于有一天，我碰到了一个叫赵季和的人，他简直是个大人精，同时，也是一个偷窥狂，他偷窥到我做魔法麦子烧饼给客人吃。第二天，他调包了我的魔法麦子烧饼，骗我吃下魔法麦子烧饼，于是我变成了一头可怜的驴子。他骑了我三年，直到有一天在一个寺庙遇到无名师父，我又像当初拜他为师时大声呼救。

师父大笑："板桥三娘子，何苦做此形矣！"他救下了我，我又变回人形。由于我在人族的潜伏任务完成得还不错，我又回到了妖族过上安稳的生活。至于那个赵季和，结局也不错，也过上了安稳幸福的生活。

总之，大家都过上了幸福安稳的生活。

叶开老师点评：

田静怡把"人族"和"妖族"这两个设定，运用到改写《板桥三娘子》的这个作品里来，显得非常有创意。小妖福娃拜老妖为师，学会了"魔法麦子"这样的法术，并且在出

师下山之后，隐藏在人族中间，运用自己的法术，为妖族输送祭品。这是个很艰巨的任务，其实，也是很有风险的。至于"赵季和"，因为你不作铺垫，他的出现和他的做法，都有点突然。可以考虑介绍他一下，给他一个身份，这样，他破坏三娘子的魔法，并且把三娘子变成了驴子，就合理了。合理是很重要的。我觉得，你的这篇小说，可以再好好考虑考虑，结尾部分可以展开，不用赵季和把她变成驴的原文素材也是可以的。或者，设想这就是人族和妖族和解的一个方式。你是一个善良的孩子，不管人族还是妖族，你都不忍心伤害，所有，你在结尾里说："总之，大家都过上了幸福安稳的日子。"

13 板桥三娘子奇遇记

栗浩楠 四年级

第一章 神遇

“枯藤老树昏鸦，小桥流水人家，古道西风瘦马。”

故事发生在离雁门关很近的板桥镇上，当时是南宋初期，与金国打得紧，急需用人，便在边关附近的镇上抓人，板桥镇上的镇主板桥先生的三个儿子也被抓走了，三儿子有一个妻子，叫林素手，被别人叫作“板桥三娘子”。

这一天，三娘子正在小桥上散步，一匹匹战马飞驰而过，突然，一个老道招呼她过去：“你是板桥三娘子吧？”

“是啊，您有什么事呢？”

“你过来，这是你夫君的书信。”三娘子跑到他身前，打开书信辨认字迹，的确是丈夫的笔迹，上面大致是这样的：

娘子，金兵已打入雁门关，请与这位仙人离去。

“仙人？道长，难道是你？”三娘子问。

老道点点头：“娘子，随我来。”说着，一挥袖子。

……

“这里是？”

“太行山！”老道说。

“您是？”

“我嘛……是这里的仙人：南极仙翁。”

“把我带到这里来干什么？”

“我要把你收为弟子，你愿意吗？”

“……愿意。”

第二章　独闯江湖

经过几年的学习，板桥三娘子已经学会了利用食物把人变成别的动物的法术。接着，她趁仙翁不注意悄悄地逃了出去。她以为师父不知，其实南极仙翁想让她闯一闯江湖。

逃出后，板桥三娘子回到了板桥镇，找了个店铺，做起了生意。

做了一段时间，有了银两，她便买了匹马，往京城出发，一路上她便开始盘算起来了。她决定开一个店铺，卖点糕点赚钱。

到了京城，她找了一个大店面，开了一个酒楼，开始卖点心，接待客人。

渐渐地，她有了一个念头：把人变成动物，拿去卖钱。

于是，京城里有好多人失踪了……

第三章　赵季和查真相

赵季和是一个道人，法力很强，热心帮助老百姓，因此受到他们的敬仰。

这一天，他走在路上，有一个老爷爷对他说："季和道长，我的儿子不见了，好几天没回来了。请您帮我找找。"

又一个小孩说："我父亲也不见了。"

赵季和掐指一算，说："你们不必担心，他们好好的。"

赵季和自言自语道："奇怪，这莫非是……"说着，他走向板桥店铺，发现里面冷冷清清，奇怪地说道，"奇怪，刚才还有一群人进去了……"这时，板桥三娘子从后门走进来，开始做点心。赵季和眼睛一变，透过后门看。发现里面有好多动物，都是人变的。

赵季和看完之后，便有了主意……

第四章　赵季和VS三娘子

赵季和走进店内，冷笑道："板桥三娘子，好久不见啊！"

三娘子一抬头，看见赵季和，发现不认识。便道："来者何人？为何知吾名？"

"在下赵季和，法号：太乙真人。"

这下让三娘子很吃惊，她听说太乙真人很厉害，在江湖上游荡，没想到在这里遇到了，不由得警惕起来，问："您要吃点点心吗？"

“听说你这有人失踪了。”赵季和说，“是否?！”

“……”

“看来，南极老兄收错了弟子。”

说着，他把刚要逃走的三娘子变成了一头驴子，又把后面的动物变回人，便骑上驴子，往太行山出发。

第五章　改过自新

到了太行山，南极仙翁下来迎接太乙真人，并且教育三娘子改过自新。

从此，三娘子随太乙真人一起，帮助老百姓。

叶开老师点评：

栗浩楠改造了整个“板桥三娘子”的结构，也给故事找了一个北宋和金国对抗和战争的背景，然后，写了三娘子是第三个儿子的老婆，收到了丈夫的字条，跟随南极仙翁

去修炼。中途逃了出来开了一家"板桥店"并且把人类变成驴子卖掉赚钱。最后，碰到了太乙真人变成的赵季和，把她变成了驴子。这个故事很有想法，但前后有矛盾——三娘子的思想变化和她的态度，前后联系起来看不合理。她到底要干什么呢？要赚钱？要报仇？要修仙？你要给她找一个理由。或者干脆就只是恶作剧？既然她丈夫被拉去当兵，作为一个女子，她怎么也不可能那么潇洒，开起了一个店来把人变成驴子啊。你可以写她回到家乡，发现这里已经被金兵占领了，变成了金兵的国土，民不聊生。而她的丈夫，也在战争中牺牲了。为了报仇，她后来开店，把那些金兵都变成了驴子……

14 三娘子传奇

杨睿敏　七年级

自打三娘子变成驴子的那一天起，三娘子每天便过着常人无法想象的悲惨生活。她的旅店倒闭了，漫步在大街上，有不少人辱骂她，甚至还有人对她拳脚相加。关于她自食其果变成驴的消息早已传遍大街小巷了……没有一个人不嫌弃她。

三娘子试图投奔一个驿站，可当别人看到她头顶的那块黑斑时，毫不留情地将她驱逐到几里开外。谁也不知道她又会做出什么可恶的事。

话说三娘子已经整整两头没吃过东西了，她想吃口石头缝隙间的草都要被路人赶走；在溪边喝口水的她都要小心翼翼，以免被人发现；想吃点烂水果、坏蔬菜的她都要被店主人训斥一通。她无法想象从前那个雍容华贵的她，锦衣玉食的她怎么会落到这种地步！虽然她有一万个不甘心，甚至想痛打一顿赵季和，可没办法，只得忍气吞声，苟且偷生。要是能吃上一顿草该有多好！她心想。然而上天还不打算让三娘子好过一些，老天爷又为她设置了重重考验……

几天后，饿得半死不活的三娘子在溪边偶遇了正在打水的赵季和。

“咦？你是三娘子变成的驴吗？”赵季和一眼就看见了三娘子头上的黑斑，他记得很清楚，就是这块黑斑……没错，形状、颜色完全一样！

三娘子赶紧用前蹄踢了踢地，以示回应，尽管三娘子并不想搭理他，可看到他手中的一大把嫩草，她还是搭理了他。

“果然！”赵季和停顿了一下，将草扔给了三娘子，接着说，“找你很久了，总算找到你了……有一个人说想要见见你。”

三娘子叼起一根木棍，在地上写了两个字：何人。

“是一位老人，胡子很长，个子不高，说自己能看破世间万物，还装作很神秘的样子……”赵季和一边大口啃着烧饼，一边对三娘子神秘兮兮地说，“他还叫我转告你，一定要在三日内见到他。”

三娘子明白了，这位老人极有可能就是能立马认出自己的那个人！从遇见那位老人开始，三娘子就对他的身份表示怀疑，如今，那位老人主动提出要见见她，此时正是弄清他身份的好机会！说不定还会帮自己恢复原形……想到这里，她的蹄子不停地刨着地面，周围早已黄沙满天飞，她也毫不在乎。仿佛一切都不能阻挡她的喜悦。

只要能变回人，我一定会不惜代价，变回人之后，我一定改邪归正！三娘子下定了决心，她甚至想到以后，可以再经营一家商铺，可以去长安城找她那好久不见的姐妹们，还可以……怀着一个个美好的憧憬，三娘子和赵季和上路了。

他俩走了整整半天，终于来到了一个名叫天和山的地方，在这山中，有几间平房，细数共有十多间，这时正值中午，家家户户都在赶做午饭，当然，也有个别壮丁上山砍柴。总而言之，大家都很忙碌。

“请问您认识一位胡子能拖到地的老先生吗？”赵季和也不知道老者叫什么，更不知道老者住在哪里，只能说他俩互相认识而已。

“哦，那个整天只会炼丹的老头啊！走，我带你去。”小伙子爽快地答应了。

一行人一直走到了山顶，映入眼帘的是一块荒地，放眼望——还是一片荒地。

“奇怪了！明明昨天还在这里的呀！”小伙子也大吃一惊。

三娘子气愤地踢着地，她感到所有人都欺骗了她！她越来越生气，竟哭泣了起来！没错，跟人一样，她哭了！然而她并没有发觉，忽然，她站立了起来，前蹄慢慢变回了双手，后蹄又逐渐变成双腿，那驴头渐渐变成人头模样，她高兴地又嘶叫了几声，其实是在说：“感谢苍天！”起初，赵季和和小伙子还没听清，到后来，他们听清了，三娘子自己也听清了！这时，从地下徐徐升上一位老仙人，他看起来很苍老，可却一点也不颓废，显得特别有精神。

“老先生，三娘子在此，请您吩咐。”赵季和恭敬地对老先生说，还行了个礼。

老先生上前一步，用神秘的口吻对半人半驴的三娘子说：“你真的想变回人吗？”

“是的！我发誓，我再也不做坏事了。”

“如何证明？”

“我……哦，对了！我一定在变成人之后，开一家专为穷人服务，让穷人住宿的旅店！”

“好！这仙丹给你，服了它，你就可以变回人了。”

“多谢。”

三娘子下山后，将仙丹服了三分之一，她知道，剩下的还要留给吃了魔饼后变成驴的无辜百姓。为此，她跑遍全国驿站，终于将仙丹发给了五十多头驴，让它们全部变成人。

“看来，我没做错呢！”老者在山中发出了由衷的感叹，“浪子回头金不换，这句话说给她再合适不过了。”

数年后，长安城中出现了这样的一个旅店，老板娘只让穷苦人居住，并且不收任何费用！有的人坚持给钱，可三娘子就是不收费，这使她的声名远扬，让人不再厌恶，不再恐惧，所有人都特别尊敬她，也特别佩服她。

一日，老先生来了，他剪掉了长胡子，换了一身满是补丁的破布衣，自称是个身无分文的乞丐。老者这样做是为了看看三娘子是否真正弃暗投明，改邪归正。谁知三娘子不但没嫌弃他，反而恭敬地为他端茶倒水，为他安排房间。老先生被彻底打动了，并留下来住了两个月。一次偶然的机会，他无意中看见了三娘子的钱箱，他小心翼翼地揭开盖子，发现里面只有几两银子！他震惊了，大名鼎鼎的她，竟……老者没有多看，怀着敬意关上了箱子，悄无声息地离开了。

“这位老人是不满意我们的服务吗？快，元青，派几个随从去长安城内找这位老人……记住，让他们做好笔录，对长辈要尊重……”三娘子听说老人离开了，立马叫人去找老人，询问他有何不满之处。

三日后，十几名侍卫回来了，他们摇了摇头。

“那我自己去找！”

三娘子踏上了寻找老人的道路，结果却是一次又一次的失望。没办法，她只得去找那位炼丹的老先生，三娘子气喘吁吁地跑到天和山的山顶，大呼“老先生”没多长时间，老先生就从地下升起。三娘子一看，哎呀，他不就是自己要找的人吗？

“我那天下山去找你，就是想看看你是否真正爱每一位穷苦人

民，仅此而已。”

“原来是这样……”

“哦，对了，我看见你的钱箱了……里面……”

三娘子惊慌地打断了老人：“啊，最近过得有点节简……何况不收费……”

老人也打断了三娘子：“我呢，打算将这里开垦成一个牧场，到时候，赚了钱，我拿两成，你拿八成。”

“这可不行，老先生……这钱我可不能要……”三娘子毅然决然地拒绝了。

“拿着，为了百姓而拿……”

“好，谢谢您，老人……”

没过多久，三娘子拿到了第一笔钱，足有一百两银子！这可让她高兴坏了，她连忙开始装修客房，将草床一律换成了木板床，还在地面上铺了层毯子……就这样，在老者的帮助下，越来越多的人听闻了她的事迹，纷纷开始捐款，这也是间接地给广大劳苦人民捐款。

三娘子的事迹很快便传遍了大江南北，人人都佩服她，人人也为有她而感到骄傲，三娘子不再是原来的那个她了，她真正地改变了。从前，她坑害百姓，用魔法面饼使他们变成驴，现在，她不但不伤害百姓，而将自己的余生奉献给了百姓，三娘子，一个值得我们称赞的人！

叶开老师点评：

杨睿敏的作品里写了一个“改邪归正”的板桥三娘子，她变成了驴子之后，经受了各种艰苦，困难，以及各种灾难，甚至饥饿，最后见到了赵季和，赵季和带她去见了一个老神仙，并在老神仙的法术帮助下，变回了人形。变回了人形的三娘子，开了一爿不收费的旅馆，专门接待和周济穷人，这样的做法，可是很不容易的。毕竟，开店不赚钱，就会赔本，赔本了，就会开不下去，好事也就做不成了。你想到了老神仙，他又出现了，为了帮助三娘子，开辟一片牧场赚钱。你有没有想过，这个“好人好事”版的三娘子，是很伟大，但都是我们能想到的事情，拓展得还不够。

15 板桥三娘子后传

王小凯　五年级

“可恶，那该死的赵季和，老娘我饶不了他。”三娘子一边走一边说。

原来，这三娘子是元始天尊的侍女，因为偷了天尊的绝密法宝而逃出来躲避。那天她所撞见的老人，便是她的大师哥——南极仙翁。

三娘子回到家后，继续靠经营小旅店来维持生计。时间久了，她的旅店经营得越来越好，有了点小名声。从前，她的客人都是有去无回，而现在则变得人来人往，每个人脸上都挂满了笑容。又过了一段时间，三娘子的生意越做越大，还开了不少分店呢！奇怪的是，这些店全由三娘子一个人来照料。这事给赵季和知道了，以为这三娘子家有什么好宝贝，便寻思着要去瞧一瞧，于是，他又干回了他那邪恶的老本行——偷窥。

这天，赵季和来到了三娘子的旅馆，他生怕被三娘子认出，便乔装打扮成了一名商人。到了深夜，趁着其他旅人正在熟睡，“商人”赵季和溜了出来，他溜进了三娘子的房间，躲到了她的床下。没过一会儿，三娘子进来了，但是不一会儿，又进来了一个，就这样，没一会工夫，进来了五个“三娘子”。

“商人”赵季和感到十分意外，没想到这三娘子竟有分身之术，这就不难理解为什么她一个人能管理那么多旅馆了。

这时，真正的三娘子进屋了，所有的分身都往床上一躺，准备合拢，可就在这时，床下的赵季和不小心撞到了一根木头，不偏不倚，把三娘子藏在床底的法宝给撞坏了。三娘们见合拢不成，便下床来检查，一下就发现了那只“老鼠”。真三娘子运起“火眼金睛”，识破了赵季和的把戏。随后她们一拥而上，准备干掉赵季和。正当那时，一道金光闪过，打得三娘子们一个措手不及，这时，从门外走进一人，和蔼地说：“师妹，何必着急，待师哥与你慢慢说来。”

来人正是南极仙翁。

三娘子见是大师哥，便冷静下来了，问道：“师哥，到底是怎么一回事？”

“是这样的，这赵季和是玉帝手下的屁马翁，前阵子，玉帝给这些天庭文武官都放了假，这赵季和便下凡来玩了段时间，若你真想和他打，也未必能赢哦！”

听见是玉帝的人，三娘子立马变了脸，连忙向赵季和赔礼道歉。这时，老仙翁问赵季和拿走了木人，便带着三娘子回元始天尊那问罪去了。

就这样，三娘子不但没有把赵季和将她变驴的仇给报了，还遭到了元始天尊的惩罚。

让我们心疼她三秒钟！

叶开老师点评：

王小凯的这个“后传”写得很有意思。三娘子是元始天尊的侍女？南极仙翁是她的师哥？这个设定，非常高大上啊。后面，三娘子为何又开了一爿客栈呢？你这里说她是靠这个维持家用。对于上仙而言，这样似乎有点不太合理呢。三娘子为何这样，可以设定为“诱捕”赵季和吗？不过，如果是为了“诱捕”赵季和，那么后面南极仙翁说他是“屁马翁”就对不上号了。还是按照你原来的设定吧。我觉得，三娘子分身为好几个人这个想法非常好，很精彩。可以为此再多写一写分身的三娘子的“风采”，透过赵季和的眼睛看到也可以的。

16 恶魔

张家睿　六年级

大业35年，在鄱阳湖岸边的一座村庄里……

一天，财主文伯仲家生下一名男婴， 这个男婴叫文德宗，据接生婆回忆，当时屋中突然满室红光，一名扇动着白色翅膀、佩戴紫金晶刃红色十字形宝剑的少年，穿着黑曜石盔甲，满头金发，英俊而白皙的脸上透出一丝微笑，他钻进新生儿的身体，就消失不见了。

文德宗八岁去华山顶上拜师学道，23岁学会了师父的全部法术。他拜别师父，下山了。与他同时下山的还有他的小师妹李娇。文德宗到庐山山谷里建了一座小亭子，他就此过上了隐居的修士生活。

直到一天，他遇到了一件事……

一 李娇

话说李娇下了山，这时，她19岁，德宗24岁。

629年，李娇来到长安，李娇不得不开了一家规模很小的客栈。人称“板桥三娘子客栈”，李娇因此得名“板桥三娘子”。

有一天，李娇骑驴去市场里买麦子，路过一家马匹租赁行，看见两匹壮实的驴子，突发奇想：对了，以前师父不是教过我“木人耕”的法术吗？我可以自己做一盒子用具，多做些烧饼，我就能得到另外一大笔钱哪！于是，李娇花费了20钱，买了一个红木的大木盒和做木偶的用具。

回到客栈，她精心为厨房辟开一小块泥地作为耕地，她做了六六三十六个木偶，这些木偶可以自己耕作、自己加工、自己烹饪。

李娇把木盒关上，手中拿着一个祖传的贝壳，双手的大拇指、食指、中指碰在一起，每手其余两个手指向后与手掌贴合，双手迅速分离至手臂完全张开，她张开手，左手向上旋转，右手向下旋转，突然又两手五指相碰，手掌分离，在手掌之间形成一个空间。只见一股蓝气在手掌之间、五指的里面形成，那是李娇的灵气。李娇两手手指分开，各成剑指，她用左手的剑指将那股生命的灵气压到木盒的盖子上。盒子瞬间被蓝光包围。渐渐地，渐渐地，灵气被吸收了，盒子的盖子被打开，三十六个小人蹦了出来，他们开始在李娇为他们辟开的耕地上耕作，用李娇买的麦子种麦穗。

十分钟后，在那块泥地里，长出了金黄色的麦穗。李娇在她面前画了一个阴阳轮，嘴中念念有词："一生二，二生三，三生万物，万物变幻，九九八十一后又再循环，归一。一生二，二生三，三生万物，万物变幻，九九八十一后又再循环，归一……"

那个阴阳轮开始发出金色的光芒，李娇睁开眼睛，猛地一推，那个阴阳轮贴合在土地上，顿时又长出许多麦穗。那些小木偶来收割麦子，他们把麦子磨成面，把面合成一个个大小均匀的烧饼，在面饼上浇几滴陈醋，滴三滴辣油，把面饼放在盛满葱花的盆中，再在饼皮上刷芝麻酱和姜汁，再刷一层猪的脂膏，最后用铁板把此时已经满味的葱花味烧饼煎熟。

李娇给客人一张烧饼吃，刚吃一口，客人就变成了一头驴。

李娇急忙查看祖传的书——《阴阳内灵经》，里面写道："今子有变驴者，乃变者心术不正也。方法甲：孟子曰：'天将降大任于斯人也，必将苦其心志、劳其筋骨、饿其体肤、空乏其身也。'需教其德也。方法乙：若因误食巫物，必剖其皮，割其腹，以灵芝而养之。"

李娇用内力聚合成一朵灵芝，她用法力剖开了驴皮，割开了驴腹，把灵芝草送到朋友嘴里，朋友才恢复。此时，李娇眼中露出一丝杀气……

二　文德宗

那是629年年末，文德宗想到长安城去看看。文德宗少年老成，仅仅26岁，却已经长出了白发和皱纹，他骑在一匹不是特别英俊的马上，显得更老。路上，文德宗在长安的“板桥客栈”小憩，他发现老板娘是自己的师妹李娇，但李娇没有看出是自己的师兄。

他心想：“李娇没有才能、投机取巧，不思进取，喜坐享其成也。这烧饼定另有玄机。”

他掐指一算，发现这饼是使用“木人耕”的法术由木偶做出来的，他自己也学过“木人耕”，知道“木人耕”做的面可以把人变成驴，所以，文德宗便假装食之，偷偷地提前走了。

文德宗要惩罚李娇，他知道李娇造了孽，但毕竟是自己的师妹，又不忍心。

于是德宗写了一字条放在桌上，上写“故人相见，今晚三更城外南三里桥。文德宗”。

三　暴力与惩罚

三更城外南三里桥，文德宗在桥上，穿着一件破烂的衣服，胡子也有几天没刮了，显得像一位古稀老人，仗剑等候，李娇如约而至。

“师兄，多年不见，如今过得可好？为何这般苍老？”

文德宗说：“师妹，为何害人？”

“若所市其烧饼与人者，将以实笾豆，供三餐温饱乎？将炫味以惑愚瞽乎？甚矣哉，为欺也。”李娇曰，“吾业是有年矣，吾赖是以食吾躯！吾无才华，以此糊口，何哉？”

她摆出双龙出水的阵势，一步步向后退：“你管得太多了，德宗师兄！”

她大喊一声，像两条大蛇似的黑龙从她手中钻出来：“吃我一牙！”她大喊，两条龙朝文德宗扑来。

德宗两掌合十，一个红色的十字架出现在他面前，那个十字架变成了一把红色宝剑。

“呀！”德宗喊道，斩断了一条龙的头。不料，另一条龙把被斩的龙的剩余灵气吸收了，这些灵气使他化成了一位英俊的少年，那位英俊少年说：“德宗，你侮辱了我主人，我今天要灭你！”他鼓足气，爆炸了，他的黑色灵气以自己为圆心绕着画了一个半径为5米的圆，这些黑气凝成了一把一把的利刃，向德宗飞来。

李娇一收手，半数的匕首飞向李娇，在李娇的控制范围内停住，掉头，加速向德宗飞来。德宗不那么从容了，他两剑弹开了一半的匕首，跳到空中，把剑分成两把，在空中旋转着。他把两把剑指向地面，一股冲击波发出，震倒了一部分匕首。他又在旋转中抛出一把剑，这把剑急速地削开了剩下的匕首。等到德宗落地时，那把剑被他稳稳地接住了。

李娇很惊讶，但是不顾一切地拿着一把刀向德宗冲来。德宗又跳起来，一个后空翻躲过了袭击，让李娇扑了个空。落地时，他在李娇身后，剑强有力地一划一抹。没见李娇脖子渗出血来，头就掉

了，几乎没有任何感觉。

尾　声

李娇死了，一个人在哭泣，为师妹而惋惜，这个人是“文德宗，字伊皋，号十字老翁”。

叶开老师点评：

张家睿写的"三娘子"是下山的李娇，她"不得不"开了一爿客栈，然后呢，用法术来耕地，把别人变成驴子。你的开头设定，包括文德宗的诞生，写得都很有意思，很大的格局。不过，后来李娇变成"板桥三娘子"之后，似乎收起来了，文德宗也变得"没有什么用"。毕竟，你用了很重要的方式来写文德宗啊，我还以为文德宗是主角呢。后面文德宗和李娇决斗的方式斩首，略有些残忍，不太合适。而实际上，你的故事里，李娇也罪不至死。你今后写作要留心一下，不要写得这么血腥。

17 空间的羁绊

乔逸飞　六年级

七维空间，罗马——

“终于成功了！屋大维，我做到了！我成功建造了新罗马帝国！”一位人高马大的彪形大汉坐在战象上，朗声大笑道。

“三娘子，过来！尊推选你作为尊的执政官，如何？”

对方没有回应。但罗马王好似早就预料到她会有这般反应，道：“尊令你去三维世界，找寻更多更廉价的劳工，帝国发展，需要大量人力，那里的人傻傻笨笨的，你应该容易获取必要的资源。今日你就坐时空机过去吧。”

那道黑影始终没有说一句话，默默地退下去了。

三维世界，中国——

“三娘子烧饼旅店！”唐宁说，“我们来这里住吧。”

“不过，听说这里不干净，有不少旅客进入后，莫名其妙地消失了，大家都说这里有鬼。”

“那就更有理由去看看了！”唐宁与端木云异口同声地说。他们两人，一人曾参军打仗，另一人是赏金猎人。对这样古怪的地方，他们更有控制不住的好奇，想要解开这里的秘密。

他们走进客栈，店内木桌木椅摆放得整整齐齐，地面一尘不染，感觉这里被人精心照料着。他们三人正细细打量店里的陈设，一人听到动静从后堂走了出来。只见是位30岁上下的女子，身材高挑，一张白嫩的瓜子脸，一双顾盼生辉的杏眼，使得她看着就十分吸引人。这不必问便知是老板娘——板桥三娘子。

三娘子也在打量面前三人。为首一人身材高大，体格魁梧，身穿一件有点褪色的军装，脚穿一双军靴，估计之前做过军人。现在他背着的包上有许多专业冒险运动的装备，估计后来当了冒险家。右边这位发型雷人，衣着也很时尚，估计是搞艺术的人，再看他背着一堆摄影装备，手上还拎着个三脚架，定是个摄影爱好者。左边这个最没有特点，不过却让三娘子费尽了心思打量。此人衣着简单，一件棕色夹克衫，配一条天蓝色牛仔裤，顶着小贝头，一双狐狸眼，滴溜溜转着，看上去很聪明。

“不知道这三人为何这么仔细打量我，难道他们是来调查我的？”三娘子想着，“不过这幼稚愚蠢的三个人能看到什么？查得出什么？这么多年来，都安安稳稳地度过了，想来现在也不会有啥问题。”

三娘子微微一笑，开口说道：“诸位贵客长途跋涉，一定挺累的吧，先进客房休息一下。晚上我会给各位上点好菜，再端一盘烧饼，那可是我家百年老店的特色。贵客只需在客房里等着就好。”

唐宁三人见三娘子并未有啥特殊之处，还挺和善的，便就放下戒心，认为可能只是坊间传说，危言耸听罢了。进了房间，里面宽敞漂亮，干净整洁，三人都十分满意。

傍晚，三娘子端着饭菜进来：“三位贵客，尝尝我的手艺如何？”

“好好，不客气啦。”唐宁朗笑道，“来，端木，郑华，一人一块特色烧饼，让我们也尝尝百年特色的烧饼。”

“我先退下了！”三娘子起身告退。

“阿嚏！”端木云打了一个大喷嚏，“居然有胡椒粉。我对胡椒过敏。不吃了，明早再请老板娘给我做个没有胡椒的烧饼吃。我将就着吃点面包吧。”

“嗯，不吃可惜了，真香！”郑华叹息道。

吃过晚饭，又喝了点酒，端木云躺在床上想：“难道这里真的一切太平吗？那些传闻应该不是空穴来风，我还是要小心点，晚上警惕些。最好明天能到处走走，看看是否能调查出些东西来。”想着想着，端木云慢慢进入梦乡。

“哐当！”一声重物倒地的声音惊醒了端木云。他迷迷糊糊睁开眼，郑华和唐宁在房里走动，好像他们什么都看不见，刚才他们不小心被桌子绊倒，上面的茶具掉了下来惊醒了自己。

“怎么这两人在梦游？以前从没有发现他们有这个毛病。难道真的是店里有古怪，被勾魂了？”端木云见他们如此古怪，便要叫醒他们。端木云一掌拍在郑华的肩膀上，郑华没有醒来的迹象。“难道力量小了？”端木云想着，抬脚狠狠地踢在唐宁的屁股上。可是唐宁、郑华两人毫无感觉，仍然在默默地转圈。

“这古怪不能被轻易识破，只能顺势伪装，看看这里到底是谁在搞鬼。”端木云将计就计，也装作沉睡模样，随着他们一起慢慢转圈。

过了一会儿，听到一阵若有若无的笛声从外面传来。唐宁、郑华好似收到笛音的引领，慢慢摸到门前，开门走了出去。端木云也跟着走了出去。很快他们来到后院的一间上房门前，看到房内不时有红光划过。端木云微微睁开眼睛，仔细查看周边环境。这是三娘子的房间，只见她正双手合十，念念有词，红光好像就是从她手中发出。

“该我出手了！”端木云从墙上取下装饰的钢叉，藏在身后，走进了房间。端木云走在唐宁和郑华身后，瞄准机会，突然用钢叉狠狠地将三娘子戴着手镯的手钉在了墙上。可未曾想到，三娘子的戒指才是真正的“凶器”，一道红光从戒指中射出。端木云低头猫腰，一个滑步，躲过红光，反手抽出佩刀，纵身一跃砍向三娘子的手。

“啊！”三娘子痛叫一声，“我是七维人，你这可恶的三维人不可能杀我。我的王是万能的，他会派人来惩治你们的。你们这些三维人只是我们的奴隶，你们的未来已定！”

“放屁！我的未来我自己创造！”端木云刀尖一挑，戒指飞到了半空。刀光一闪，戒指被宝刀斩成两半。

板桥三娘子随着红光的消失也消失了。

“难道穿回到七维空间去了？”端木云自言自语道。这时，郑华与唐宁渐渐恢复了意识。端木云告知两人发生的事情。

随后三人查看了旅店的里里外外，发现还有几个人也刚从昏迷中醒来。

但没有找到板桥三娘子。可能她真的回到所谓的七维空间去了。

不知道是否还会回来呢？

叶开老师点评：

乔逸飞的“七维人”穿越到罗马，再派遣三娘子到唐朝，去把人变成驴子，通过穿越的方式输送到帝国，为缺乏劳力的帝国服务。这个想法超棒的。你后来设定三个高手，端木、唐宁和郑云来到了板桥店，正面挑战“三娘子”。

这是个很特别的设置。不过，你后面写端木战胜了三娘子之后，结尾并没有好好地完成，似乎还可以继续深入下去，思考一下其中留下的问题。例如，"尊"再次见到三娘子时，不会生气吗？七维人竟然被三维人打败？这个很难接受啊。还有，你没有写他们被变成驴，而是"被勾魂"，丧失了自我。这个想法很好，不过，就浪费了"变驴"这个原文里很棒的素材了。

18 为民除害

夏农（何浥尘） 七年级

“从今日起，你便是我的徒弟了，跟着我好好修炼，终有一天可飞升上仙，记住，不管怎么样，一定不可以伤害别人。”一个道士模样的白衣老人，对着面前的一个孩子说道。

“弟子谨遵教诲！”那个孩子回道。

这个孩子的名字叫三娘子，在她很小的时候就被父母抛弃了，这个老人收养了她，并在她十岁时发现这个孩子骨骼惊奇，便收她为徒。

三娘子跟着老道士修炼了十年，在三娘子二十岁时，老道士叫她下山历练。

“徒儿，从今天开始，你就可以下山了，记住为师对你说的话。”说完，老道士又掏出了一个东西递给了三娘子，“这个东西

叫作摄魂器，它可以赋予东西生命，你一定要妥善使用。”

三娘子接过摄魂器，对着老道士行了礼，就下山了。

一下山，三娘子就看到了繁华的大街，顿时兴奋起来，东看看西瞧瞧。

很快大半天就过去了，三娘子顿时感觉有点饿，走到了一个包子铺前：“大娘，给我来两个包子。”

“好嘞，一共五文钱。”包子铺的大娘向三娘子伸出了手。

“钱？钱是什么啊？”三娘子十分疑惑，以前在山上怎么没有听说过呢？

“看好了，钱是这个！”大娘十分鄙夷地白了三娘子一眼，拿出几文钱给她看，“连钱都没有，还吃什么包子啊。赶紧走，别妨碍我做生意。”

“大娘，我现在没有钱，您就让我吃一个包子吧！”三娘子实在是饿得不行了。

“别在这废话了，赶紧走！”大娘没有一丝同情。

三娘子看见路边有一块石头，又想起了刚刚那个大娘说的钱，想用幻术把石头变成钱去换包子，但想了想师父平常的教诲，便打消了自己的想法。

快要天黑了，三娘子还是没有吃上一口东西，她又累又饿，走到了一家饭馆前，碰巧饭馆的掌柜出来送客人，看见了她。

“姑娘怎么站在这儿啊？是不是要来小店吃口饭啊？快请进吧！”掌柜对三娘子说道。

“但是我没有钱。”

掌柜想了一会儿，又说道：“姑娘啊，我明天要回老家看看，你如果愿意在这帮我看着店的话，你就可以在这吃饭，我不收你钱。”

三娘子一听，立刻答应了，反正这次自己下山就是来历练的，不如也体验一下当老板娘的感觉。

掌柜一看三娘子答应了，立刻将她请进店，送上了热乎乎的饭菜，三娘子这才填饱了肚子。

第二天，掌柜就回老家了，三娘子在店里看店。

过了一会儿，进来了一堆人，他们都提着剑，大声叫喊着，那样子十分令人讨厌。

“小二，把你们这最好的酒拿过来，再炒几个好菜！”那几个人大声叫道。

从他们一进来开始，饭馆里的气氛就变得压抑起来，每个人都默默吃着自己的东西，不敢发出一点声音。

“小二，他们是谁啊？”三娘子感觉奇怪，问一个小二。

“他们是城里富贵人家的公子，平常总是欺负老百姓，大家都不敢惹他们。”

三娘子听了，不禁对这几个人充满了厌恶，她突然有了一个想法，笑眯眯地朝那些人走去。

“各位大驾光临，真是小店的荣幸，这顿饭的账就记在我头上了，几位以后常来啊！”

那几人听了，喜笑颜开。

“老板娘，今天晚上我们还来你这，你就不要收其他客人了。”一个叫赵季和的人说道。

三娘子点了点头。

“老板娘，这样我们还怎么做生意啊，掌柜回来要是知道了就完了。”一个小二着急地说道。

“等着看好戏吧。”三娘子只回了一句。

晚上……

赵季和提前来到了饭馆里，朝三娘子的房间走去，刚走到门口，就听见房间里传来奇怪的声音，他捅破一点窗户，发现三娘子正对着一个器皿施法。过了一会儿，房间里的木驴就开始动了起来，很快就做出了许多烧饼。三娘子将它们摆放在盘子里，又自己做了一些烧饼放在了边上，赵季和十分吃惊，三娘子竟然会法术。

三娘子朝门外走来，赵季和赶紧躲到一边，等到三娘子走远了，立刻跑进她的房间，将木驴做的烧饼拿了一些放在旁边的烧饼堆里。

做完这些，他才回到饭堂里，那些公子早已经坐在那里了。三娘子一看人到齐了，立刻跑回房间把烧饼端了出来，赵季和趁这个时候悄悄躲了起来。那些公子每个人都吃了烧饼，边吃边称赞，可没过多久，他们竟然全变成了驴的样子，还发出了驴的叫声。

三娘子走到已经震惊的小二边上，说道："把他们身上的钱拿走，就当中午那顿饭钱了，把他们牵到棚里去吧！就当为民除害了。"说罢三娘子就转身回屋了。

这师父给的摄魂器就是好，能摄入魂魄，还能使有了魂魄的东西做出来的东西有魔力，让食用它的人变成被摄入魂魄的东西的样子。三娘子默默想道。

回到屋后，三娘子吃起了自己做的烧饼，可没过多久，发现自己也变成了驴，她着急地叫了起来。

赵季和大笑着走了出来，抽打了她一番，又牵着她准备拿去卖掉。

在经过一座桥时，老道士出现了，他一眼就认出了变成驴的三娘子："不知此人怎会变成驴啊？"老道士问赵季和。

赵季和见老道士一眼就看了出来，顿时有点慌张，说道："此人是一个老板娘，她施法改变了烧饼，让我的兄弟们都变成了驴，还拿走了他们的钱财，真是黑心，所以我就把她变成了驴。"

"她的确黑心，但不至于这样，阁下还是把她变回来吧。"老道士早看到了三娘子所经历的一切，但并没有拆穿赵季和。

"这……"赵季和哪会变。

老道士笑了起来，一挥手，三娘子便恢复

了人样。

“师父。”三娘子行了个礼，便想打赵季和，却被老道士阻止了。

“三娘子，你忘了为师和你说过不可以伤害别人吗？”

“师父，他们仗势欺人，我这是给他们个教训，为民除害！”

“那也不能随意伤人，你有想过他们的父母吗？”

三娘子沉默了，她的确没有想过后果，也没想过他们的父母。

“你和我回去好好反省。”老道士说罢，又拿出一瓶丹药，递给赵季和，“你把这个给你的朋友吃，他们就会变回来，但你们如果再仗势欺人，我不会放过你们。”

“是……是，我们保证不再这样了。”赵季和吓得赶紧承诺。

老道士点了点头，带着三娘子回山了，赵季和的朋友也恢复了人样，他们也没有再仗势欺人。

而这次的事情也给了三娘子一个教训，从此她做事更加谨慎了，离升仙也更近了一步……

叶开老师点评：

夏农的改编，注意到了"三娘子"里一个很特别的元素，开店。你设计为是老板请她帮忙看几天店的，而不是她自己的店。负责下山来"惩恶扬善"做好事的三娘子，因为看到一群人为非作歹，而把他们变成了驴子。她的摄魂器好厉害，是跟摄魂怪一样的厉害角色吗？哈哈。这里的赵季和，因为没有介绍就突然出现了，显得有些不合理。尤其是，他要把三娘子变成驴子干什么呢？是因为喜欢三娘子的法器吗，还是为了惩罚三娘子？而这里，三娘子下山做好事，也因为这个赵季和的变化，显得不够合理了。三娘子惩恶扬善做好事，怎么能遭到赵季和的惩罚呢？这里要设定赵季和也是那伙人中的一员的话，你就要干脆让三娘子把他也变成驴子。这样翻转，更加有趣啊。赵季和为何不能变成一头驴子呢？可以让他变成一只聪明的驴子，然后成为三娘子家最好的驴子。每到月圆时分，他就能恢复人形……

19 外星配给公司

徐鸣泽　　五年级

引子

“听着，我知道……”

“我必须要一个人来完成我的任务！迪克！”

“是，大人，正在培养。”

“正在培养？”那个声音高声尖叫地说，“我还要等多长时间？！我等了整整三年了！”

“我很抱歉，大人，但是预计只要一个月就培……”

“你当我是什么人？我只能等一个星期！听到没？”

“可是……”

但他用尖锐刺耳的声音说道：“你竟然敢违抗我的命令？”

“是！是是！大人！小人这就去。”

随着啪嗒啪嗒的声音渐渐远去，终于，又是一片寂静。

第一章 玻璃柱里的女孩

“米德！去看看我的小人儿培育得怎么样了！加速！然后带给我！”

“是！大人！小人这就去！”

就在那七百〇一号房间里，有一个高高的透明玻璃柱，里面站着一个小女孩，脸色苍白，双眼紧闭，长发四处飘散，浮动。四名警卫拿着枪支警惕地看着门口。

啪嗒啪嗒……

四个警卫举起枪，道：“自报姓名！”

他漫不经心地说：“米德·科斯利特——控制舱里的总管。再不信，这里有伏特大人的字条。”

那士兵半信半疑地接过，看了一看，道：“你是伏特大人的高级秘书长？”

“当然！”米德高傲地抬了抬头。

那士兵顿时变了脸面，把枪支放了下来，恭恭敬敬地道：“您误会了，小人没办法，为了防守，不得不……”

“我的时间不多了！快点开门！”

“是，是！”他立马转头向门里道，“米德秘书长大人驾到！启门！”

哗的一声，一阵白雾，米德径直走向玻璃柱前的屏幕。

“嘀，嘀，请把大拇指放在方框内！”

米德不耐烦地把大拇指按了上去。

“嘀，嘀，嘀，识别中……咔！欢迎米德先生！”

米德笑了，打下一行字：显示贝塞克斯目前情况。

“咔嗒，报告：

体质：正常。

五感运作：正常。

…………

预计出世：28天4时38分21秒。”

他对着“加速”键一按，屏幕上迅速显示：您确定需要加速？这样可能会对培养物眼睛造成微小的伤害，请您请三思而行……”

可是米德的手已经按到了“加速”上……

“嘀嘀，确定加速！加速：28天4时38分11秒。嗞嗞……加速中……”

他可以看到罐中的小女孩在飞速地成长，很快就已成年。但唯独，那一双眼微微闪着红光……

“嘀嘀，加速完成。”

玻璃柱里的水渐渐被抽干，她的飘发垂了下来。

但很快，她，就睁开了眼睛。

第二章 “白贝壳号”航行之地球

“这是A。A，Apple，懂了吗？”

贝塞克斯茫然地点了点头：“为什么这不是我们卡诺斯卡星球的语言？”

“那是因为我们要进攻地球，我们需要你去进攻，所以，你要学会地球人的语言。但随时随地你都要记住：地球人是坏的，永远是坏的。哦！差点忘了，你到地球后，必须要改名，你在地球上的名字就叫板桥三娘子。”

“哦，嗯嗯，好的。但为什么听起来那么怪？还有为什么我跟你们长得不一样？你们有尖利的牙齿，为什么我的不是？是不是有问题？”

“哦不，别这么想，你没问题，你很棒。”他向贝塞克斯眨了眨眼。

“……”

一阵沉默。

“吱……”

“抱歉打扰了，里特，马上到地球大气层。”

“好的，谢谢你，马克斯。”他点了点头，关上了门。

他又向贝塞克斯眨了眨眼，道：“我想我们马上要到目的地了，走吧，结束了。”

“各位人员请注意，马上到达目的地，预计十五分钟。请带好随身物品。谢谢！各位人员请注意，马上到达目的地，预计十五分钟。请带好随身物品。谢谢……”

最后，几位“专家”又检测了贝塞克斯的语言水平：“记住，一定要装得像地球人！”

贝塞克斯知道，因为她已经看过地球人言行的视频了，很清楚他们不是四只腿走路而是两只腿，用嘴巴吃饭而不是用手，不是用头走路而是用腿，而且还要什么，什么呼吸，呼吸，氧气什么的。嘿嘿！好玩！还要呼吸氧气！

“全体成员请注意！预计五分钟之后到达大气层！请准备充分！已接近大气层！全体成员请注意！预计五分钟之后到达大气层！请准备充分！已接近大气层……”

里特轻轻地道：“该走了，记住我跟你讲的所有话！永远地记住！”

舱门大开，他们能看到无边无际的宇宙，星星在闪耀……他们离大气层越来越近……

“嘿嘿，也真奇怪他们没有防备！老天助我们也！”

“老兄，那是因为他们根本没有能力去抵抗！甚至都没有察觉！哈哈，一个个束手待毙吧！哈哈哈！”

“嘀嘀！注意！大气层已到！嘀嘀！注意！大气层已到！”

“是时候了，行动！”

里特温柔地抱起贝塞克斯，站在宇宙通风口前轻轻地对她说：“记住我对你说过的话。13年后见！再见了……”

他轻轻将贝塞克斯抛了下去，坠入了星云之中……

第三章 出生

“哇！”

“恭喜夫人喜得千金！”

“唉，要是生个男孩更好了。”

“夫人，别这么讲，你看她高高兴兴、健健康康的，不是好得很吗？”

“唉，也是。”

“哎？夫人，你看她的眼睛，在泛着红光！哇！夫人！您的女儿有福啊！多么好的吉兆！”

那夫人咯咯咯地笑了，笑得是那么开心。

“咦？夫人，你在看，她后颈上有凹痕，足足可以塞下一片纸呐！这是包容的象征啊！”

“咯咯咯，你这丫头，就知道瞎讲。那只是残缺罢了。”

突然，那夫人的笑声僵住了，她眼睛睁得大大的，瞳孔扩大，眼睛逐渐变成了透黑色。她机械地说：“给，她，取，名为，板桥，三，娘子！”最后一个字几乎是尖叫出来的！她痛苦地扭曲着，逐渐腐烂！那仆人似乎是被吓呆了，尖叫着跑出去，怀里还抱着那个小姑娘。

那个仆人最终答应了那夫人的话，给她取名为板桥三娘子。

第四章 芯片—人造人—宝物

板桥三娘子渐渐长大了，她喜欢去小溪边玩水，但是对自己的身世一点也不知道。（孤儿？还是……奇胎？）

就在今天上午，她还邀灵一起去树林里玩呢。

“灵，咱们去小溪边玩吧，今天甚是干热，下水凉快凉快也好。”

“嗯嗯，姐姐说得甚是。”

柳枝摇曳，荷叶轻摆。溪水流得很是欢快，板桥三娘子向灵道：“你等等，我下水试试温度，你莫着凉了。”

板桥三娘子轻轻跳下水。

“灵，你也下来吧，这水清凉无比，你也来试试。”

突然，一股阴风煞起，原来轻轻流动的水现在却飞速地奔腾了起来，虽然这里的水深才不到一米，可是板桥三娘子已经摇摇晃晃地倒了下去。

“姐姐！姐姐！姐姐！听见了吗！上来！”

但板桥三娘子好像晕了过去，任凭水流冲走了……

板桥三娘子心中一片空虚，肺里感觉有千刀万剐，她试着呼吸，可是肺就好像不能扩大一样，挤成了一小团。她透不过气来，那种感觉，就像快要死了一样。她再也不能忍受了。她昏了过去……

不知过了多久……

“哎！哎！贝塞克斯！醒醒！哎！”

不知是谁拍打着她的脸颊。

她微微睁开眼，模模糊糊，她看见了一个老人站在她跟前。

“啊！你，你是谁？！”

“别激动，我要给你一个宝物。”

老人俯身在一个包袱里翻来覆去。

“啊哈！呐，给你。”

只见他手上拿着一个黑不溜秋的小袋子。

“啥……”

“这里面是一袋绿色的种子。这……”他又拿出一个女巫玩偶和一口铁锅，“喏，拿上这个，到边塞荒漠里开一家旅馆，都用这一袋种子，别担心，用完了又会再生。至于用什么做？就用这个小铁锅做。”

板桥三娘子茫然地点了点头接过种子和铁锅，转身要走。

“哎！女巫还没拿呐！”

“我要女巫干什么……”

“咦，那这饭谁做？”

“啊！？但这女巫没生命……”

“哎呀呀，你根本就没听我把话说完！做之前要先念：

哦！我的女巫，

请你复活！

哦！麦子和铁锅！

请你们做成，

面饼和烙托！”

“嗯哦。”

“你知道你是谁吗？”

“一个普通人？”

“不，你是人造人。我是谁？我是你的父亲，创造你的人。”

“我？不可能！”

“哦！是的是的！记起来没？你妈妈说，那只是残缺。”他伸手拿了一个薄薄的金属片，“来，让我看看。”

板桥三娘子转过身。

突然一阵刺痛从后颈传来：“啊！你在干什么！”

残缺的那部分被突然填满，感觉好怪！

“你！你把金属……”

“启动！”他吼道。

一股电流冲击着板桥三娘子的身体，剧痛传遍她的全身！她扭曲着，挣扎着，但是都没有用。她的身体慢慢变得僵直、机械。

“大人，您好！”她机械地说。但那根本不是她的声音。

“嘿嘿嘿！”他冷笑道，“很好很好，不要泄露机密。去吧，我的小贝塞克斯……”

右手一弹，一粒石子飞出去，打在她的顶心，板桥三娘子又昏了过去。

第五章　边塞中的客栈

板桥三娘子睁开眼，一阵头晕目眩。

她手伸到颈后，那金属片仍旧还在，她一碰，一阵电流送出。“哎哟喂！”她厌恶地抽回手。立马，在她的预料之中，脑子里的一个声音道：“你怎么能这样来回报主人的恩情？不可以！”

她的神经和想法立马受到控制。

那个声音又冷冰冰地说：“现在去边塞建一座旅馆！首先，去一家饭店筹钱！”

她喃喃道：“是！”

这时，她才知道，她，被控制了。

那家餐馆名叫：竹竿（土吧？额）。

那老板却特别刻薄，板桥三娘子工作一个星期才给3毛钱。

三年之后，板桥三娘子终于筹够了钱，在玉门关里的小方盘城里开了一家旅馆，名叫：落尘客栈。

不久，许多人都来住宿。

板桥三娘子在自己的小房里拿出那袋绿麦、女巫和铁锅。

她唱了起来：

“哦！我的女巫，

请你复活！

哦！麦子和铁锅！

请你们做成，

面饼和烙托！”

那小女巫眨了眨眼睛，看着锅里的绿麦，从口袋里拿出一个小棍棒开始搅拌。

“哦哦哦！

一锅子绿麦子！

能让他们变成驴然后做成馅饼！

哈哈哈哈哈！”

不久，绿色渐渐隐去，代替的却是正常小麦的颜色。她捧起一锅小麦烙了几个馕饼。这时已天亮，各房住客也都该起来了。她想。

她偷偷往外看。

果然，所有人都坐在那里，一个人眼睛睁得老大，在东张西望，另一个，则口中喃喃咒骂。“她怎么还不来！都8点了！”

板桥三娘子这才笑盈盈地端着一盘盘馕饼走去，道：“哦！对不起，让各位等久了。抱歉，小店只有这一点粗食，让各位委屈了。”

那人吹胡子瞪眼的，对板桥三娘子说：“水呢？！人不喝水能行吗？大早上的！”

她装作没见听，说：“各位先用膳，我这就去拿水。”

她转身回房，不是倒水，而是等待。

第六章　白毛驴

她透过门缝查看动静，但他们还是言谈如常。她急了，想冲出门去一刀把他们杀了。

突然，一个人道："我怎么感觉怪怪的？"

"我也是！"

"怎么大家都一样！"

"哎哟！"

"哎哟喂呀！我的妈呀！哟哟哟！"

板桥三娘子偷窥着一切，暗下里，嘴角勾起一丝冷笑。

无论他们怎么挣扎，身上都开始长出皮毛。双耳渐渐缩短，缩到看不见，但头顶心却冒出了一对竖耳。又尖又长，长满了皮毛。

"咦哦！"

"咦哦咦哦！"

"咦咦咦哦哦！"

"咦哦哦哦哦哦！"板桥三娘子学着叫着，一丝讥讽的笑意挂在嘴边。

板桥三娘子把它们牵到后房，等待屠杀。

第七章 背叛

没过几天，旅客渐渐多起来，三娘子到了后院拿起屠刀往一头白驴颈上一抹。"咦！哦！"它惨叫，然后无声无息地倒下了……

一滴眼泪划过面颊。

脑子里的一个声音愤怒道："你为什么为人类掉泪？这是他们应该受到的惩罚！你应该感到高兴！自豪！哭是什么意思？"

她摇摇头，喃喃道："你不懂！你根本不懂！"

一股愤怒燃起，她的手猛地伸到脑后的将金属片一拔，可是那

金属片好像生了根似的，怎么拔也拔不下来，反倒是一股电流冲刷下来，三娘子尖叫一声，立马抽回手。

“我说，你就别费力气了，嘿嘿嘿！这样是徒劳的！”

“别吵了行不行？你好烦！”三娘子大吼道。

“嘿嘿嘿！我烦？”那声音高声冷笑道，“哈哈！我烦？”

“你这个怪物！”

她用烙红了的铁板烧着金属片，搞得这金属片也滚烫，她忍着痛又泼了冰水。

砰的一声，金属片爆开了！

在那一瞬间，她似乎听到了一声尖叫。

“不！”

第八章　旨意——销毁

“嘀嘀嘀！报告！贝塞克斯！板桥三娘子！背叛！立马带人下去处置！不惜任何手段！”

踢踏踢踏……

“遵旨！”

凌晨一点。正是子夜。板桥三娘子已进入梦乡。

“咚！咚咚！”

三娘子叫道：“谁啊！！这么打扰人家干什么？”

“我们找你有事！快开门！”

三娘子迷迷糊糊地开了门，只见门外站着三个男人，身上穿着奇怪的服装。

“你，背叛了我们，我们要依法处置！”

“哼！我就把那个金属板摘了下来，你能把我怎样？！”

三个男人拿出了激光……

“啊！！”

她尖叫道。

“我需要武器！”她想。

她奔向屠刀室，拿起一把飞刀出去迎战。

毕竟，她还是学过武艺的，一人射出一道激光，三娘子轻易躲过了，倒地就滚，反手砍他脚后跟。那人跟着跃起，顺手射出一道激光，三娘子往右滚过，另两个人见状，又有两道激光一齐射来。她又滚过，在那间隙，三娘子跳将起来，刀横向那人的脖子一抹，血飞肉断！

景象悲惨。

其他两人怒极，一个尖叫道：“你怎么能这样！叛徒！”

另一个却已近大吼着扑了上来。

板桥三娘子尖声大笑：“哈哈嘿嘿！又一个送上门来啦！”

正好砍在那人的颈部！

“血涛汹涌……”

三娘子心中有些不忍，叫道：“哎，别打了，回去吧！”

但那人恨红了眼，口吐白沫，狂怒地向前扑！

三娘子大喊：“哈！”

劈他腰间，但他一闪身，射出一道激光。

“你这个没用的东西……”

三娘子边唱边打。

“……坐在那等死……”

一道激光射向她的小腹！

“……我就送你上西天！”

同时转身狠力一劈！

那正好砍到了他的顶心！

“啊啊！”

他倒下了……

第九章 结尾

三娘子呆呆地望着满是血迹的屠刀，眼里充满泪水。过了几秒钟，尘土飞起，她已经消失在黑暗中……

叶开老师点评：

大开眼界！大开眼界！徐鸣泽的"三娘子改编"，改编到很特别很惊人的程度了。你写的三娘子是被加速培养出来的外星生命，她却又从人类的子宫里出生长大，有点怪异哩，感觉是高科技变成了"投胎"的中国传统。三娘子长大之后，那制造她、控制她的"父亲"就出现了。他再度控制三娘子，让三娘子开店，把人类变成驴子，然后杀掉。这是"灭绝计划"，你写得很血腥呢。赵季和的元素，被你换成了"销毁"，也很有意思。这部作品中，你想到了"三娘子"念咒施法，还编了咒语，是你的大爱好啊，哈哈。你看，你的"咒语"编得确实好。不过，结尾三娘子杀掉了三个前来"清除她"的使者，虽然很精彩，却戛然而止，觉得还缺点什么。三娘子身上的计划很庞大，她不能这么简单就放弃了吧？外星人是要毁灭人类，占领地球的。他们应该有更深更邪恶的计划，例如通过三娘子的板桥店，传染一种特制的病毒，让所有人类都感染，都变成驴子。为什么呢？因为这个外星的人就是"四条腿"的啊。哈哈！他们是驴子星球啊。芯片版的三娘子和开头加速培养的三娘子，这是很精彩的想法，不一定要投胎啊，而且三娘子还是机器人呢，投胎这个有点怪。我觉得，在外星人和三娘子之间，还要有一场大战才好。最好是，最后，三娘子把驴子星球的驴子都变成了人，让他们"痛不欲生"。哈哈。

20 旅游达人三娘子

杨奕涵　四年级

一条巨大的青龙抓走了一位女子，因女子的美貌，青龙把她留了下来，却遭受青龙的百般折磨。

十年后，有一位男子找到了青龙的住所，他是一位读书人，却练就了一身好武功。他和青龙打得昏天黑地，毫不在意把林子给烧了，青龙发大水把周边的庄稼都淹了……最后，男子刺瞎了青龙的双眼，一剑砍死了青龙，将这位女子从青龙的魔爪中救出来了，原来这位男子是这个女子的哥哥，而这个女子呢，就是我们熟悉的三娘子。

三娘子由于常年困于青龙的囚笼里，她向往着自由，想独闯天下，于是，她便告别了她的哥哥，开始她的环游之旅。途中，她遇到了一位了须发银白的仙人，三娘子向他诉说了自己的经历，神仙收她为徒。三娘子吃苦耐劳，跟着神仙的弟子们一起习武，时间久了，三娘子也练就了一番武艺。

告别的时候到了，仙人给了她一头木牛和一只木人，还告诉她咒语和目的。有了这物件，她本可以过上富裕无忧的生活，可三娘子谢绝了，她还是没有忘记她的远游计划。

经过长途跋涉，三娘子来到了南方，南方以山为主，龙虎山是三娘子记忆最深刻的山。三娘子去龙虎山的那天恰逢天下小雨，新鲜的空气扑面而来，远远望去，龙虎山笼罩在一层薄雾中，若隐若现，但掩盖不住龙虎山的那种气势。走进山里，青脆欲滴，千米长的石径插进了高耸的山，犹如一把锋利的宝剑。接下来观看了象鼻山、大地之母及卢溪河等地。硕大的象鼻似乎从天而降，又深深扎入大地中，笔挺的象鼻子非常逼真，整个山体就像一头巨大的石象在吸水。见到大地之母时，三娘子被大自然的神奇力量震惊了。卢溪河像一条没有尽头的玉带将两旁的景观串在了一起，山中有水，水中有山。

三娘子的第二站是海。耀眼的阳光，金黄的沙滩，微凉的海风，热情的大海，美丽的贝壳，雪白的海鸥，面朝大海的房子，让三娘子的心顿时打开了。

欣赏了山，见识了大海。三娘子打算去看看沙漠，她去的是鼎鼎

有名的鸣沙山。鸣沙山的沙没有任何的间隙，光照在沙上亮晶晶、明晃晃、金灿灿的。山脊在光的照耀下棱角分明，感觉像走进了古老的童话世界。站在山脚，满眼是闪亮的“金字塔”，让人想到了埃及。沙子在狂风的裹挟下如波似浪，此起彼伏。脚踩在沙子上，一种汹涌的气势扑面而来，大自然的威力感觉瞬间会将你吞没。三娘子骑在骆驼上，伴随着清脆的驼铃漫步在茫茫的沙漠之中。绕过鸣沙山，展现在三娘子面前的是清澈的月牙泉。月牙泉泉水清澈，亮如镜子，静静地躺在荒漠里，暴晒于烈日下，四周风沙弥漫，狂风肆虐，它却能不枯竭，一直静静地流淌着，滋养着周边的生物。

接着三娘子去了东北，去欣赏了雪精灵带给人类的美。去了蒙古的草原，体验另一种生活方式。

走遍全国各地后，三娘子回到了家，在房间里，她正打开电脑，搜索国外游玩的攻略呢……

叶开老师点评：

杨奕涵这个《旅游达人三娘子》的想法很特别，几乎把原文给出的因素都放弃了，除了神仙教给她法术，给她木人母牛，而三娘子的内心是“面朝大海，春暖花开”，或者“身体和灵魂，总有一个在路上”。看你写龙虎山这么生动，写敦煌鸣沙山这么细致，看来你也是去过这些地方的旅游达人呢。

21 智取烘焙店

刘逸飞　七年级

一

一个阳光明媚的清晨，天空露出了鱼肚白，街上只有几个路人经过。一家普通至极的餐馆里传来几声驴叫，还传来了一个女人的坏笑。

忽然，一个神色慌张的人从那间店里飞奔出来。他跑得如此之快，甚至连那个坏笑的女人都没有发现他的离去。

他一路狂奔，一边怀念着自己的伙计，一边对把他们变成驴子的女人怀恨在心。

这个女人住在板桥边，又是家中的老三，故称板桥三娘子。最近她新开了一家烘焙店，因价格低廉，物品琳琅满目，引得众人前来。可是，进去的人都无一生还，原因只有那大汉知道——那汉子便是赵季和。

原来三娘子的烘焙店里的东西，不是一般的食物，里面添加了她精心研制的毒药，凡吃下带有毒药的食物的人，不会死亡，而是变成驴子。所以，这家烘焙店其实就是一家黑店。价格低廉其实也是三娘子的小计策，目的是使更多的人成为她的驴。

“这个女人外表看起来像是和蔼的菩萨，心中好比邪恶的毒蝎。这个恶毒的妇人，我绝不能放过她！”赵季和愤愤地想。不知不觉，他跑入了一片树林，赵季和停了下来，他认真地思考：“我如果要向官府举报她的话，必须要先找到证据，但是，只有我知道原因，拿不出证物，也只能是口说无凭呀。”

“但是，不入虎穴，焉得虎子。为了拿到证据，也为了能找到让受害者变回人形的方法，我一定要再进这家黑店，查清她的底细，不能让更多的人上当受骗了。”他这样想着，慢慢走出了森林……

二

话说回来，三娘子一看到这群驴，心中冷笑一声，她这样大笑着：“你们这群愚笨的人呀，竟不知道天下没有免费的午餐。这已经是我接待的第十批驴‘客人’了。好了，干活去吧！”说着，板桥三娘子把皮鞭一挥，赶着这一批驴进了一扇半掩着的红门……

早已目睹这一切的赵季和，心中不由苦痛，他一阵惆怅：“我的兄弟们呀，真是辛苦你们了。”于是，他躲在那间房外，通过地下的老鼠洞，动用了他的绝世武功：缩骨术。

当他进入暗室时，他开启了夜视眼。可是，他却目睹了最震撼的一幕：一群驴子在这间没有日光、没有灯的暗室里拉磨、做饼，它们一个个脸上挂满疲倦，却又不敢慢下来。它们吃的是糙米，做的却是最重的活！赵季和抑制不住自己内心的悲愤，大声叫了起来。

三娘子正在她的暗室里做着见不得人的勾当，忽然听见外面传来“啊！”的一声大叫，心中起疑，急忙推门要去查看，幸好赵季和早有准备，他穿上文人的长袍，掏出纸笔，就地靠在墙边，装作绞尽脑汁思考的样子。

三娘子到了的时候，看见的只是一个书生模样的人正在写作，也就不再计较，摆了摆手让他离开。赵季和假装识趣地走开，待到三娘子回到她的暗室，赵季和又继续开始他的侦察工作。

他边看边想，真是惊险，差点就被她发现了，幸好我早有准备。忽然感觉身后有人经过，急忙回头，见是一位老者，长须飘飘，那老者笑而不语，只给了他一件斗篷，并说出三个字：“隐形衣。”说完捋捋他飘逸的胡须，如一团白云逝而不见。

三

赵季和穿上了隐形衣，偷偷潜入三娘子的地盘，如入无人之境。他拿着自己最新研发的成果，进入暗室。他端起一托盘烘焙的成品，故意在空中举起来绕了几绕，三娘子也是没有见过如此的场景，扑上去想拿回托盘，他拿起托盘，围着暗室乱转，三娘子也在后面步步紧逼。

接着，他跑出暗室，把托盘放在地上，使劲向前推去，三娘子急忙去追赶，他使用自己的最新发明，在三娘子的身后释放了天地形成的结界，这结界牢不可破，只有释放它的人才能打开，三娘子跑着跑着，眼看要拿回托盘，却像撞上了一堵厚墙，再也出不去了，这时他才发现自己被困在赵季和的结界里。

三娘子大孔一声："赵季和，你困不住我的。"接着她用上自己的绝招——魔音贯耳。赵季和不甘示弱，他运用内力，把世界调成了静音，他的结界没有丝毫晃动。

他拿出仙人给他的隐形衣，大喊一声："隐！"三娘子就被这真实的世界忽略了。赵季和跑回暗室，驴子还在，怎样才能把它们都变回人呢？

赵季和苦苦思索。

四

忽然，他灵光一现，心想："如果说他们吃了板桥三娘子加过毒药的食物会变成驴子，那么反过来说，他们在变成驴子后，再吃一遍毒药，会不会再现人形呢？如果不行，也无大碍。"赵季和把魔法烘焙食物让它们吃掉，却毫无变化。

"不对呀，它们怎么毫无变化，难道我猜错了？"他又尝试着

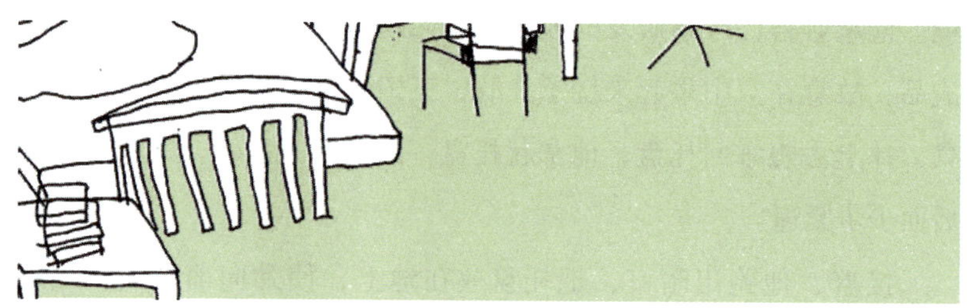

变换品种，结果有的变了回来，有的却毫无反应，“怎么回事？”他十分不解。

“哦，原来只有他们以前吃过的魔法烘焙才可以。”他一拍脑袋，经过长时间的不懈努力，终于，最后一批人的一层厚厚的驴皮脱了下来，一个个真实的人都变了回来，人们大呼：“得救了，得救了！”

忽然，一片白云飘落下来，赵季和刚伸手抓住，赠送隐形衣的老人捋着胡须对他微笑：“这三娘子本是我的小徒，谁知干出这样伤天害理之事，我已帮你把她降服，如今你已将她制服，我便要将她收回，再回崂山，告辞！”说完，他朝着地上一指，“现！”三娘子重新显形，老者带她离去。

赵季和叹了口气，望着天空，一句话也说不出来……

叶开老师点评：

刘逸飞这里写到赵季和在逃过了三娘子的烧饼之伤后，决定返回继续与三娘子斗，而且，他运用了缩骨术等方法，得到了很好的机会，另外，又得到了一件隐身衣，而拥有了让三娘子“被这现实世界忽略”的超级能力。被“忽略”太厉害了，是你发明的还是什么游戏里的？我很好奇，非常喜欢这个设定。这个是仙魔大战的梗吗？三娘子的师父，为何要通过赵季和来打败三娘子呢？是因为三娘子太厉害了，师父都打不过吗？这些问题，都很有意思啊。

22 板桥三娘子

邢艺恬　五年级

远远的青山里，几缕青烟袅袅升起，小镇里的路人来来往往。一间乡间小屋伫立在青山顶上，四周花海，很突兀。一位女子站在它前面，皮肤雪白，身材苗条，时而腼腆地一笑，手里端着盘子，麻花辫拖地。这小店便是出了名的板桥小店。女子三娘子是这里的老板，已经30多岁了，孤身一人，靠干活维持生计。

来这里的游客更是数不胜数。循着香味儿，迎面走来了一位书生，手里还拿着一本书，长袖飘飘悠悠，他名叫赵季和。快步进了小店，赵季和订了一间小屋，住了下来，跟其他人一样，他很喜欢这里干活的老板娘，勤快朴实，十分大方，讨人喜爱。

这天晚上，赵季和睡得有些晚，而其他人都睡了，他正在房间里的床上看书，忽然听见隔壁三娘子的房间里传来细细碎碎的声音，心里一惊：莫非进贼了？这样想着，他翻身下床，倚在墙上朝墙缝里张望：三娘子正在翻找东西，没有其他人。赵季和有些疑惑，他挠了挠脑袋，又向里张望，他想明白三娘子大半夜的在干什么（那赵季和大半夜的在干什么）。这时候，三娘子把盒子一打开，然后快速地退到一边，念叨着什么，具体内容他没听见。过了一会儿，从盒子里爬出了好几个只有一厘米大的小人，他们走到了三娘子的桌子上，那里摊着一块格子布，他们走在上面，三娘子随后往上撒了一把麦子："快快长吧，来收割呀，磨成粉呐，好美味呀！"

说也奇怪，麦子很快就长大了，然后小人们又开始收割了，大把大把的麦子裹成了一束……又过了一会儿，工作结束了，三娘子也上床休息了。偷看的赵季和也悄悄溜回了床上：我看她明天要做什么。他这样想着，睡着了。

一觉醒来，瞅见屋里桌上多了一盆热乎乎的烧饼。赵季和没吃，他想起了昨夜发生的事，肯定这事情有古怪。他默默地出了屋，看了看大厅，门是锁着的，地上站着许多头驴，有些嘴里还嚼着早上三娘子给的烧饼。看到这一幕，赵季和吓出了一身冷汗。

他把自己关在屋内，迟迟不肯出来。（此处有省略部分）三娘子敲了敲门："有人吗？是赵季和吗？我来打扫卫生了。"

他开了门，三娘子一眼就看到了烧饼："你怎么不吃？难道我做的不符合你的口味？"

"不是不是，只是我请求你吃下我的烧饼，太好吃了。"（其实赵季和根本就没有烧饼，他口中所谓"自己的烧饼"其实是三娘

子的烧饼）一听这话，三娘子马上拿起烧饼咬了一小块。

不咬不知道，一咬吓一跳。随着“欧啊！”的一声驴叫，三娘子马上化身成一头健壮无比的母驴，眉目清秀，还是很好看。随后，赵季和以迅雷不及掩耳之势，骑上了驴（三娘子），飞奔出了大门（结果还是锁上了）。

这一路上顺畅无阻……

没有任何危机……

这是法力嘛……

或许是吧……

之后，他们来到了一所宅子面前，从里面走出了一位老人，慈祥的眼睛看上去和蔼可亲。老人大笑：“三娘子，我的乖孙女哟，你可经不起这一番折腾。来，这位大哥，下来吧。她已经得到教训了，没必要了。”

之后，老人扯了两下驴耳朵，三娘子变回了人类。她向赵季和和老人鞠了两下躬，随后消失在了青山里……

袅袅青烟又升起……

叶开老师点评：

邢艺恬的这篇改写，开头很有特色，写得很美。后面赵季和出现之后，故事来到了原文的设定范围里了，也就是赵季和把三娘子变成了驴子的梗。你把老头改成是三娘子的爷爷，突然出现，突然看到三娘子变成的驴子，这个想法，也有道理。不过，你如果能做一个介绍，给爷爷和三娘子做一个身份设定，例如，爷爷是修道的，已经得道成仙了。孙女却有一段凡尘姻缘未了，需要去历练一番，这样，赵季和的出现，就有了合理性。甚至可以设置为一个梦境，是“三娘子”做了一个梦，经历了这一切。

23 小桥和驴子

汤礼亨 四年级

从前有一户人家有很多的驴子，有一天，这户人家生了一个女孩，爸妈给她取名叫小桥。

小桥八岁的一天，爸爸要把一只很小的驴子杀了。小桥出来说："爸爸，我要和它玩。"

这只小驴子一次次地被小桥从她父亲的刀下救了出来。有一次小桥心爱的驴子对她说："那一座大山上有一个老人法术高强，会收一些善良有灵气的徒弟，这三年都没有收到徒弟了。你只要在半山腰等着就可以碰到的！"小桥天天去半山腰，终于有一天遇到了高人！

高人感觉到小桥的善良和恒心，就同意收小桥为徒，把小桥取名为板桥三娘子。

小桥告别家人就去找师父了，师父可以让稻子一夜就长出果实，变成小米粒。师父把一小米粒给蚂蚁吃，结果蚂蚁变成了一头驴子。一晃十年过去了，一天，师父对三娘子说：“我教你法术你不可以害人，你要去帮助需要帮助的苦难人。记住师父的话。”

说完，师父就飞走了。

三娘子下山开了一个店，生意非常不好。

有一天驴子对三娘子说：“你把我杀了做成烤饼，卖给人吃。”三娘子难受地把驴子杀了。然后去吃驴饼的人很多，吃了驴饼的人进了店就再也出不来了。然后三娘子的生意非常火爆，过路人要休息吃饭，三娘子还把驴子送给需要帮助的人。

一天，来了一个神秘的大侠叫李和。李和也是那个高人的徒弟，不过三娘子不知道他。三娘子依旧把驴饼给李和吃，李和骗三娘子身后有东西，三娘子转身去看了一下。李和赶紧把三娘子的饼和自己准备的饼换了一下，对三娘子说：“我也想让你尝尝我做的饼。”

三娘子见李和是从自己袋子里取出来的，就放心地吃了下去。转眼间三娘子也变成了驴子。

李和骑着三娘子变成的驴子来到师父跟

前，三娘子恍然大悟说：“对不起！师父。”

师父说：“你这个害人精，我还是带走你吧！”

霎时间，三娘子变回了原样，跟着师父一起消失了……

叶开老师点评：

汤礼亨哈哈你的板桥三娘子好厉害，他的师父更厉害，可以"把一小米粒给蚂蚁吃，结果蚂蚁变成了一头驴子"，这个太有趣了。也就是说，三娘子学会了这个法术才下山的对吗？她开了一个生意很不好的店，只好把驴子杀了做成烤饼（是驴子告诉她这么做的），然后就来了很多人。不过，既然三娘子学会了把蚂蚁变成驴子的法术，她就直接喂蚂蚁小米粒就可以啦，把人变成驴多么麻烦，还会遇到李和这种"大侠"，很危险。所以，我建议你今后考虑一下，既然能变蚂蚁，就不要变人；要变人，就不要变蚂蚁。你可以想想，假如三娘子每天变一只蚂蚁成驴子，然后把蚂蚁驴子杀了做驴烧饼，然后，碰见了多管闲事的大侠李和，他自己也吃了一个驴烧饼，也想学会把蚂蚁变成驴子的法术，应该怎么写？

24 三娘子修仙记

钱思成 四年级

“你已经顺利通过第八关的考验了，现在还剩下最后一关，只要你完成这第九关，你就可以成为一个真正的神仙了！”

“师父，那第九关是什么？”

“第九关，就是去人间历练。”说完，师父拿出两样东西，一样是小木人，还有一样是小犁具。

“记住：要造福人类，惩恶扬善。”

拿着师父给的两样物品，三娘子下凡来到了人间。

三娘子来到一个叫板桥的地方，买了房子住了下来。可是没过多久，她身上的钱快花完了，于是她用仅有的钱把房子改造成了一家旅馆。由于她待人热情，生意日益红火，大家都管她叫板桥三娘子。

一天，旅馆里来了好几个投宿的人，三娘子热情招待他们住下。不一会儿，又来了一个旅客，他问三娘子道：“老板，还有房间吗？我要一间。”

三娘子笑着回答道：“哎呀，你真幸运，还剩最后一间房，你就凑合住吧！在二楼的最里面。”

“好嘞！”说完，赵季和就上了楼，来到了二楼最里面的那个房间。然后，他又下楼对三娘子说：“老板，我明天一早要走，你能否给我准备一些点心？”

三娘子回答道：“好的，你放心吧！”

晚上，其他旅客都睡下了，可赵季和却一直睡不着，他忽然听到隔壁房间有声响，就觉得哪里有点不对劲。于是他偷偷地从墙缝往里看，只见板桥三娘子手里正拿着一个小木人，大约三尺长，然后对着它喷了一口水，这时小木人就动了，三娘子说了句：“快去耕地吧，明天一早还要给客人做早点呢！”他瞪大了眼睛继续看，只见三娘子床前的一席上长出了麦子，几秒钟的工夫，麦子发芽抽穗了。赵季和大吃一惊，觉得真是不可思议！

第二天天刚亮，三娘子就招呼大伙一起吃早点，几盘香喷喷的烧饼放在桌子上，大伙都非常感激。只有赵季和有种说不出的感觉，想到昨天晚上看到的情景，他心里有股莫名的恐惧。急忙找了个借口，就偷偷离开了。他越想越不对劲，于是又返回了三娘子的店，想看看到底是怎么回事？

他发现那些人吃完烧饼之后，不一会儿，就变成了驴子。赵季和心想，这真是一家黑心店铺，所有到这里投宿的人就会一去不复返了。过了一个星期，赵季和又来投宿，他又让三娘子给他准备一些早餐。赵季和早上先偷偷地起来，跑去其他烧饼店买了一个正常普通的烧饼。吃早点的时候，他又找了个理由跑去上了个厕所。其实他是要等大家吃完了再偷偷地把三娘子给他的烧饼换成自己买的烧饼，调包一下。这样，在三娘子吃了她自己的烧饼后也会变成驴啦。赵季和对三娘子说："请你也尝尝我的手艺吧！"

三娘子吃了一口自己的烧饼，没几秒钟就倒地，呻吟一声，变成了一头驴。

赵季和得意地说道："哈哈，你也有今天。"

他便骑着三娘子变的驴出去游荡，一走就是四年。有一天，赵季和在路上碰到了一位老者，老者对他说："啊，这不是三娘子吗？你给她的惩罚已经够多了，放了她吧！"

说罢，三娘子恢复了原样。

三娘子连忙叩谢师父："师父，徒儿错了，徒儿愿意继续留在人间修行。"

师父语重心长地说："知错能改，就是要你在人间修行的目的。"

叶开老师评：

钱思成有一个很棒的构思：三娘子过了师父的八关考验，最后一关考验，师父派她到凡间去锻炼，交给她一副木人木犁木牛，这样三娘子就来到了凡间，开了一家板桥店，用速成的面粉做烧饼来给客人吃，把他们变成驴子。她为何物要这么干呢？你要想一个合理的理由。师父让她下凡间锻炼也不是要求她把人变成驴子的吧？后来赵季和来了，设法调换了三娘子的烧饼，把她变成了驴子。这里也要想一下，赵季和为何会来这里？他又为何要把三娘子变成驴子？这些，可以考虑更深入一下，看看他们之间的关系。或者说，师父派两个弟子下凡，另一个就是赵季和，他们要相互比试，看谁能战胜对方。

25 不修仙的赵季和

徐梓豪 七年级

我是一名神仙，曾经有一位挚友，现在已经不知道他到底去了哪里。但是最终我还是找到了他，我们俩决定演一出戏，看看有没有有心之人，能否收为徒弟。

我就变成了一位女郎，来到了凡间，自己搭了一栋房子作为旅店。时间不长，就有一些人慢慢过来投宿，我仔细打量了一番，决定启动第二计划。所说的第二计划，就是用法术做出有问题的饼子来，如果有人吃了就会变为驴子。但是我是神仙嘛，毕竟是一个有善心的神仙嘛，如果他们不是我想要的人，我就把他们放了，但是，我会给他们变回原样，并给他们消除记忆。

很多年过去了，我一直没要找到那个人选，直到有一天。

“嘿，有人在吗？我来住宿。”

我连忙迎了出来说：“这位客官，请问您几位？住几夜？”

只见那人说道：“一位，一夜。”

“好，请问您贵姓啊？”

“鄙人姓赵。”

“哦，赵先生，这边请。”

到了晚上，我当然就回自己的房间里面，数好了人数，就准备开始做起饼来。首先我先拿出一些泥土来揉成一个饼的样子，然后就放到了地上，但是我却丝毫没有意识到声音太大了，对面的赵先生就悄悄地走了出来。当他看见我做饼的时候，立马就惊呆了，原来我这儿供的菜谱上只有大饼，而在地上已经做好的大饼就跟菜谱上的大饼一模一样。这一切我当然不知道。

第二天早上，赵先生一大早就出去了，也不吃我做的饼了。我觉得很纳闷，但后来想算了，他肯定还会回来的，就把大饼抬上了桌。“一人一个，别抢！”我连忙喊道。没过一会儿，客人们就吃完了，十秒钟刚过，人们就立马变成了驴子。我就连忙把他们赶进了后院。

屋顶上的赵先生看得目瞪口呆，突然之间就想了一个办法，趁我不见的时候，他就到了我的房间里面，准备自己做一个大饼给我吃。但是，做了半天，赵先生做不出来，无奈，他看了看四周，正在这时，他看见一部经书，上面写着三个字《易筋经》。好奇之下，他就翻开书一看。看完之后，他就吓呆了：原来这是一部武功秘籍，要学的人只要把书吃下去就可以学会了。

赵先生觉得这里有一股邪气。正好，他听见外面有脚步声：

“不好，有人回来了。”赵先生暗道一声，一下子没有办法，就躲到了床底下。

“诶呦，谁翻了我的书啊？”我笑着说道，随后我缓慢地走到床边，一伸手，就把赵先生抓了出来。

“你，到底是谁？”赵先生胆战心惊地问。

“我是神，你信吗？我相信你已经看见了我最隐秘的东西，我要把你也变成驴子！”

“我不信！”

就在这时，天上突然间出现了一位老爷爷，那位老爷爷，对着我一指，我瞬间也变成了一位老爷爷。我对着目瞪口呆的刘先生说：“其实我们是神仙，我们下凡来寻找传人，你身上的探索精神，大无畏牺牲精神和勇敢深深地打动了我的朋友，所以我们决定收你为徒，可否？”

“如果你们是神仙，那你们为什么还要害那么多的百姓呢？”

随后我就把处理办法告诉了他。

他吸了一口气，回答道：“我不愿意修仙，我觉得在人间已经很好了，不用再添加些什么。”

“孩子，你真的不愿意？”我惊讶地看着他。

“嗯。”他点了点头。

“好吧，那我们有缘再见。”随后我们翩然而去，最后回头看，只看见，一大群人在一片空地上。

叶开老师评：

徐梓豪写了一个很特别的角度，即三娘子是神仙，她要在凡间开一个客栈，给人住，给人吃烧饼，把人变成了驴，然后从中找一个合适的人来收为徒弟。那些不适合、没有天资的人，会变成驴子——我忽然这么想，真正有天资的如赵季和，就算吃了三娘子的烧饼也不会变成驴子。这样设定如何？这样，当赵季和看到了三娘子作法，并且企图也把三娘子变成驴子但是最终失败后，这个考验就成功了。你这里写到"我"没注意到赵季和的行动，这样在视角上有些怪。你如果用第一人称"我"来讲故事，就不能这么写。可以从赵季和后来事发被抓后，自己讲出来。那样就合理了。

26 仙天奇妙

周婧　　六年级

相传自牛郎偷了织女的衣裳后，织女回不了天宫，便留了下来，还生了一男一女两个白白嫩嫩的娃子，男娃随父姓板，女娃随母姓乔。这王母娘娘自然不同意，便让雨神下了九九八十一天大雨，想把织女逼回天上。可织女早就对这个地方产生了感情，死活不干。王母便让河神把村子给淹了，织女在洪水到来之前，舍身化成一座高高的桥，让全村人都躲过了死亡，牛郎伤心欲绝，跳河自尽了。兄妹俩相依为命，好不容易两个孩子都10岁了，王母的一道绝情雷又劈死了哥哥，于是只剩乔姑娘一人守在母亲的桥边，久了，村里人都叫她“板桥三娘子”。

“娘，后来三娘子怎么样了？”床头，一位母亲正为一个小男孩讲着睡前的最后一个故事。

“一日，有位仙人下凡说因为觉得三娘子十分可怜，要教她法术。几年后，三娘子学成开了一家店，让人奇怪的是，这三娘子没过几天就有了好几头驴子，粮食也有好多，一下变成了富裕人家，三娘子也是越来越漂亮，引来了许多客人小坐、住店，三娘子都热情款待，后来三娘子的店越来越火，她店里的驴子也越来越多。

“一次，一位懂驴语的人来到了店里，当然，三娘子可不知道，那位客人叫赵季和，一位聪明的修道中人，他本要去西方传道，却因为中途银子被偷而结束了行程，现在已无多少碎银。他看见旅店前的一座古桥，十分好奇，便询问三娘子：‘那座桥如此之破旧，为何不重建？’三娘子笑而不语，端了一碗花茶给赵季和，赵季和喝了茶后，觉得有点蹊跷，留下茶水钱，假装先告辞了。

“晚上，赵季和悄悄蹲在门口，看见旁边驴院里的驴在叫唤，他仔细一听，那些驴正让他过去呢。赵季和偷偷跑去：‘何事？’那些驴叫唤起来：‘我等都是曾经的住客，因为嘲笑三娘子门前的板桥，次日吃了三娘子的烧饼变成了驴，每日做苦劳，请大侠帮帮忙啊！’赵季和一听，恍然大悟，难怪三娘子家如此富裕却仍在开店，此事果然非比寻常。

“赵季和突然听见屋内有声音，趴在墙上凑着空隙往里瞧，只见三娘子拿起一木偶和一木牛放在地上，瞬间，三娘子身上仙气环绕，双眼放射万道金光，她喝了口水，然后把水喷到了木偶和木牛身上，一下子，那两块木头都活啦！自己走到三娘子的田上，开始耕种。这种子刚撒下去，三娘子玉手一挥，就长成了熟麦垄，木人自己收割了麦粒，放进了麦桶，然后就不动了。三娘子退去了架势，回到厨房，抓了一把刚刚种出来的麦子，往天上一抛，三张香喷喷的大饼就落到了桌子上。三娘子把饼装了盘，揉揉眼睛就睡了，却不知赵季和在外面看得目瞪口呆。

“第二天早上，赵季和找人做了张饼，用袋子包着然后进了三娘子的店，这时三娘子才刚起床，看见赵季和进店，想：他终于回来了，叫他嘲笑我母亲，看我不把他变成驴！随后笑吟吟地出来迎接他：‘赵先生再访小店所为何事？’赵季和笑了笑答道：‘三娘子可有早点？’三娘子一听，麻利地把饼端了上来，赵季和一看：‘可有饮品过口？’三娘子一笑，便转身去倒水，赵季和趁这个空当，调换了自己的和三娘子的饼，三娘子把茶水放到赵季和面前，赵季和看机会来了，故作糊涂：‘我怎么忘了自己本来就带了饼呢？唉，三娘子，要不你吃我的饼，我尝尝你的手艺，如何？’说着把已经调换过的饼拿了出来，三娘子接过饼，两人同时咬下对方的饼，三娘子边吃还边说：‘你的饼不错……咴——’赵季和见成功了，骑着三娘子变的驴，往西走去。

“走了三天三夜 ，遇到了一位仙人，那位仙人一看见赵季和骑的三娘子很是惊讶：‘三娘子怎么变成了这般模样？先生您就放了她吧！’赵季和点点头，退到了一旁，这仙人扒开了驴嘴，三娘子从里头跳了出来，听说在那个时候，被三娘子变成驴的人都变了回来。

“仙人把三娘子许配给了赵季和，他们改了名字，从了善，最后过上了幸福的生活。

“故事讲完了，快睡吧。”

母亲为孩子拉了拉被角，关上了门。

门外，母亲的声音响起：“季和，帮我做块饼，记得不要再把我变成驴咯！”一男子的声音响起：“好嘞，娘子！”

叶开老师评：

周婧的开头就不同凡响，运用了"牛郎和织女”的故事，来给三娘子造了一个很厉害的故事背景。而在这个故事里，最出人意料之处，是赵季和跟三娘子最终结婚了！哈哈！故事讲到这里，你运用了最后反转的方式，让讲故事的母亲，摇身一变成了三娘子，而那个父亲，自然就是赵季和了。这是特别有意思的叙事视角转换，没想到你用得这么巧妙。既然如此，在赵季和调换烧饼把三娘子变成驴子这件事情上，你还可以写得更加巧妙一点。例如，是不是可以考虑三娘子一眼看到赵季和，就知道他是自己的命中贵人，然后，故意让他把自己的烧饼调换，然后自己假装变成了驴子了呢？她或许可以这么"娇滴滴"地说："夫君，你把我变成了驴子，就要养我一辈子。"哈哈，你可以当成是一个拓展。

27 新三娘子传奇

方宴哲　六年级

引　子

一个月黑风高的夜晚，白娘子生下了小三娘子。

“嘿嘿，是个男孩！”三娘爸兴奋极了。

“喂喂喂，我说呀，你会不会看啊，这是个小姑娘啊！”护士纠正道。

三娘爸心里咯噔一下，愁了。三娘爸是个骄傲的男人，他一直希望能培养出一个男子汉，没想到出来一个女的。他不能看着他们家绝了后呀！

三娘爸装出一脸欣喜：“嘿哟，真不错，是个小娃娃呀，要不叫她三娘子吧。”

三娘子，有些晦气的名字，似乎隐藏着些不祥的凶兆。

雷轰轰地响着，盖过了一个父亲的绝望号哭声和一个婴儿的稚嫩哭声。

一　离家出走

三娘子在家里不是很好受。

“三娘子，给我赶快去晾衣服，否则我要把你的屁股打碎！”三娘爸坐在沙发上，跷着二郎腿说道。

三娘子知道不听父亲的话会怎么样，上一次她偷了一个懒，结果被父亲用那钢制的晾衣架狠狠打了一百“大板”，任凭她怎样哭喊大叫，孩子她妈白娘子也去劝他，可是还是被打。

三娘子要闹别扭了：“我能不做吗？”

三娘爸把头抬起来：“是不做吗？”

三娘子点点头。

“你快滚吧，滚出我们家，滚啊，滚啊！”

三娘子的欲望是逃出这个家——哦，不不，她住着的都不算一个“家”，只能说是魔鬼的巢穴！这样一来，三娘子的欲望更强烈了。

三娘爸总算找了个借口把三娘子赶走了。他想，反正我媳妇也具有条件生二胎嘛！

三娘子回到自己的房间，哭了，脸上留下两条泪痕，她打包了一些衣物，带了一点零花钱，都是白娘子给的，三娘爸一分一毫也没给——真的，什么都没有给。她溜进她爸妈的房间，偷了好多

钱——他们家可是有钱人家。

三娘爸去买菜了，白娘子正在上厕所。三娘子趁着没人注意，偷偷地离开那个“家”——见证她成长十五年的地方……

二　拜师

话说三娘子离家出走以后，漂泊在外，无家可归。她凭着她带走的那些钱，撑着她吃了喝了住了，可不久钱就花光了。她不敢回家，一旦回家她肯定要被揍死。

她只好去砍柴谋生，赚点工钱。攒着点钱，也能为长远打算。睡觉她就睡在大桥底下，吃的饭就是上山砍柴时顺便挖出的野菜。有一天，她想多砍点柴，多赚点钱，没想到一个趔趄，摔倒了，柴滚落了一地。三娘子重重地沿着山坡滚了下去，半路上一块石头挡住了她。旁边有个须发皆白的老樵夫说：“你没事吧？”

三娘子看老头没有恶意，就笑笑说：“没事。”

“你应该没有什么钱了吧。”

“嗯。”

“你愿意和我上山共修法术吗？我想收你为徒。”老头说。

“行！”三娘子爽快地答应了。

上山要走好长一段路，好不容易到了山顶。山顶上有个小茅屋。

“徒儿，这就是我们的教室。”

这可比家里差多了，三娘子对此嗤之以鼻。可是在家里她过得不开心，到这里修修法术也好。

就这样，师徒二人完成了拜师仪式。

三　毕业

在深山里深修法术已经过去了十年，千篇一律的生活重复了十年。

今天，三娘子要毕业了。

今天，师徒分别了。

师父给三娘子塞了很多钱，然后三娘子深鞠一躬，便离开了。

四　板桥客栈

三娘子出了山，进了城，拿师父的钱租了套房子，开了一个旅馆。

这个旅馆的旁边挨着一座桥，名叫“板桥”，于是三娘子就把自己的旅馆称为“板桥客栈”。

“板桥客栈”比较简陋。墙纸都脱落了，大厅里的灯泡也坏了一个。外面高挂着一块用红漆写成的木板牌子，歪歪扭扭的几行字：

板桥客栈

提供住宿，早餐，茶点。

Wi-Fi还没有注册，抱歉。

板桥客栈生意兴隆。可没有人发现一个离奇的事情：只要是进去的旅客，就没有出来的。

五　赵季和

赵季和是一名隐居武士，后来因为家庭贫困，到城里打工。当天正好路过三娘子的板桥客栈，准备进去住两个晚上。

办好了入住登记手续，已经是深夜。

六　酒会

赵季和入住后，听到了推杯换盏的喝酒声。他就上去蹭了一杯茶。

饮茶过后，他准备睡觉。

他发现隔壁老板娘三娘子的灯还开着，就想：咦？老板娘怎么还没睡呢？我得去看看她到底在干什么。

他透过墙壁上的缝隙偷窥老板娘。

三娘子正在做烧饼。

赵季和看三娘子没有干什么，就睡了。

七　三娘子的诡计

三娘子做烧饼的目的是什么呢？

你可能回答：为了赚钱！

可是，三娘子不是这样的。她想：我要用我学到的法术，做点烧饼，把那些进来的旅客统统变成驴！这样，我把那些驴卖到别人手里，钱就滚滚来了！哈哈哈！

于是，她先做了些烧饼给第一批来板桥客栈的人尝，结果，他们一个个变成了一只只驴。

三娘子高兴极了。

现在，她要故技重施了……

八 被发现

赵季和早上起来，发现老板娘的房间里，许多人围在床边吃烧饼。可一分钟后，所有的人都变成了驴！

赵季和要被吓死了。

他有一个主意去报复一下那位可恨的老板娘。他要去拿老板娘自己做的烧饼给老板娘吃。

九 好戏开始

晚上，赵季和对三娘子说："可否为我做明天的早饭？"

三娘子想到又有一个旅客上钩了，很高兴地答应了。

第二天，赵季和拿着一块自己的烧饼去了三娘子的房间。

三娘子正在上厕所。赵季和趁机把三娘子

做的一块烧饼与自己的烧饼对调了一下。

三娘子回来了。

“汝愿意吃吾一烧饼否？”赵季和问道。

“好好好！”三娘子吞下自己做的烧饼。

不一会，三娘子变成了一只“千里驴”。

十　师徒相见

赵季和骑上“三娘驴”行万里，路边碰到了一位老人。

“是您将三娘子变成驴的？”老人问道。

“是！”说道。

老人没言语，手挥了挥，三娘子从驴皮里跳了出来，现回原形。

“师父！”三娘子呼唤。

尾　声

“三娘子！我教你法术，是叫你为大家造福，你不行而反之，这是我教你的吗？”

“是，师父，徒儿一定悔改！”

从此，三娘子经常帮助邻里邻外，被大家赞赏。

“三娘子”，这个响亮的名字，也成为大家传颂的对象和不朽的传奇！

叶开老师评：

方宴哲这部作品对三娘子的出生，重新做了构想，她成了"白娘子"的女儿，但是，却遭到了喜欢儿子传宗接代的爸爸的家暴，到十五岁时离家出走，为自己谋生砍柴而去深山老林，兼采野菜。这时，她碰到了一个老神仙，跟随他一起修习法术，并学成下山。写到这里，是很完整的。你要考虑后面她开设客栈之后的故事。三娘子离家出走，她的家人怎么样了？她为何在学成法术之后，开一家客栈，把人变成驴子？她是为了发财呢，还是对所有人都憎恨厌恶？这些问题，你可以深入考虑，后面三娘子被赵季和变成驴子的故事，写得不如前面的生动，你可以考虑设计三娘子回到老家，在家门口不远处，开了一爿板桥店。这样，是一个自我证明的设定。

28 三娘子传

狂暴伐木工（杨承影） 六年级

在那遥远的唐代，有一个地方叫板桥店，那里住着一个寡妇，名叫三娘子，她没有爱人，独自一人在路边的一栋小房子中生活。她平时给人们提供过夜的住处，还给他们做烧饼。可没人注意到一点，那就是，不知为什么？三娘子的后院中，总有那么多的驴子，取之不尽，用之不竭，直到有一个叫赵季和的学者发现了其中的猫腻。

三娘子早年遇到过一个神秘的师父，他神通广大，会各种精湛奇妙的法术。三娘子无意中就学会了其中的一种，觉得自己有了为非作歹的好方法，就假心去拜师学艺。

在此期间，三娘子刻苦修行，让师父十分喜爱她，便教会了她许多其他弟子学不到的东西。学的东西渐渐增多，也就让三娘子有了私心。在一天，大家都在用膳的时候，三娘子独自一人偷偷跑到了师父的房间，把师父的讲义和所有的柜子全部翻了个底朝天，就翻出了一个小匣子，打开一看，里面有如下之物：农具1套，木牛1只，木人1个。匣子的最底下留有一张纸条，上面写着：含水噀之，两物行走，占一席地，栽培麦谷；一夜成熟，具有魔力，若物啖之，即速变驴；此种秘方，仅供一人；此人用之，他用无效。

三娘子看着看着就高兴了，觉得这件东西十分有用，便偷偷带走，逃之夭夭了。

三娘子回到了板桥店，还是依平常的方法待人接客，可是进去的人就再也出不来了，因为他们都变成了驴子。三娘子不敢随意声张引起大家的怀疑，所以只好在晚上自己把驴子偷偷地放回森林里。这也受了不少苦，夜里的森林也不安全，一会儿被老虎追，一会儿被狼群赶，还好野兽们把驴子都吃掉了，并没有攻击三娘子，三娘子也就借此把手上的累赘——摆脱了那一群群的驴子。

三娘子是在唐朝，谁过来住店记不清楚。当时的通讯也不发达，经住过店的人的家人也只会认为是他在路上遇刺或者还平安无恙呢。

谁知道呢，钢铁侠他爸爸的邻居正好经过了板桥店，心里觉得不妥，感觉不太对劲。变形金刚狼也在林中知道了三娘子的驴子，便联系了一位过路的学者赵季和，把一切都告诉了他，让他想办法制服三娘子。

于是赵季和就开始行动了，他进店要了一个最里面的房间（也

是迫不得已），在晚上偷看了三娘子的行动，之后才明白过来这是仙术，不是常人可以学会的。

第二天早上，三娘子给大家准备点心的时候，赵季和故意没有去吃，在门后面偷偷地看，发现他们都发出了驴叫声后，就变成了驴。三娘子将它们赶到了后院，甚至还拿走了他们的钱财，在此之后，便去收拾房间了。

三娘子得意扬扬地嘀咕：“啊哈哈哈！我又挣大了，又有一大笔钱等着我去花！”可三娘子没有想到，赵季和在门后听得清清楚楚的，趁着三娘子收拾房间时，赵季和就悄无声息地离开了。

过了一段时间，赵季和又回到了板桥店。这回，他事先做了一个烧饼，进了店，又让三娘子再在早上准备烧饼，趁三娘子离开的一会儿，赵季和就把自己的烧饼和三娘子的烧饼调了包，三娘子却不知道。早上，三娘子请赵季和吃之前，赵季和却让三娘子吃一下他自己做的烧饼（其实是三娘子的烧饼），三娘子一吃，就立即变成了驴。赵季和拿走了三娘子的所有的东西，便逃走了。

当赵季和再一次回到板桥店是，看到店旁有一位老先生，他见到了驴，就叫赵季和停下来，说：“三娘子没有犯大错，你饶了她吧！”赵季和同意了，便丢下驴走了。

原来这位老先生就是三娘子的师父，他把三娘子变回来后，三娘子也悔悟了，去山中隐居修行去了。

叶开老师评：

杨承影把钢铁侠和金刚狼都写到了这里来，算得上是一个超级怪异的做法，而且，他们还找到了一个学者赵季和，请赵季和来制止三娘子把人变成驴子的作恶。这个，简直是中外古今的拼贴写法啊。一般来说，中国和美国的语境不同，金刚狼和钢铁侠都是不同的体系，更不用说我们古代的三娘子了。这样要糅合在一起，可是很不容易的事情。三娘子如果是一个用心险恶的歹徒，那么把她变成驴子并且惩罚她，也是没什么可以说的，但是如果是一个修仙的步骤，她只是把坏蛋们变成驴子呢？会不会更好？

29 好 驴

宋柏粤　五年级

引　言

我家门前有只驴子，他叫郑板桥。我奶奶说古代的人死后都会变成驴子，我家有郑板桥，邻居有赵季和，我问奶奶为什么，奶奶给我讲了个板桥三娘子的故事，然后又说上天把这些麦子全都分给人吃，那些人就变成驴子了。

我翻到唐传奇中的经典篇目——《板桥三娘子》那一页，我看得入迷，眼睛都贴书上了，结果，我掉书里去了。

唐 代

我看到那些人穿着奇怪的衣服，我才知道我来到了唐代。

我看见了一个骑着马的小青年，没错，那时赵季和正要去三娘子那儿，我偷偷地跟在他身后，他一回头，我就藏到身旁一间屋子里。但一回头，我就后悔了，这是三娘子的驴舍，那些驴子对人恨之入骨，进来不带武器可就只有被踢死的份了——一百多只驴子拿它们的脚踢你，不死就怪了。三十六策，走为上！

我继续跟在赵季和身后，在驴舍前绕了个圈，走到旅馆前门。

赵季和说他要在这里住一晚，板桥三娘子同意了，我直接从后门进去，先看他们要什么花样。我走了一条捷径，拿出手机想拍个照，无意中看到手机有信号，我就打开手机地图，想看看我正在哪里，我竟发现手机里显示我在唐代，而且手机里还有唐代的地图，这就奇怪了！

夜 晚

在这里蹲了一天，真累啊！我就快要睡着了。

突然，走廊里传来一阵响声，我赶紧躲在墙后面，原来是赵季和，你个死赵季和，深更半夜不睡觉，跑来这里干什么，不会像书中所说的那样吧？结果赵季和还真是去偷窥了。我想把赵季和拉回来，但赵季和看到我很可能会大叫“有鬼！”还有，我不能改变自然规律，包括书中的情节规律。我只好克制住这个念头。

我在夜里渐渐睡着了。醒来发现，我从书中回来了。

很多年后，我又拿出那本书，给我孙子讲那个古老的故事，我又重新进入书里了。

看到赵季和牵着三娘子在街上走——后面的情节你肯定知道了，书里有写。

没错！我就是那个老人。

叶开老师评：

宋柏粤写了一个“穿越版”的故事，“我”进入书本，看到了赵季和偷窥板桥三娘子做烧饼，并且调换了板桥三娘子的烧饼，把三娘子变成了驴子。这一切，“我”都是目睹者，看得清清楚楚。但是，看得这么清楚，又没有办法改变故事的进程，这样，是不是还缺点什么呢？我们的写作，所有人物，都要有动机。“我”穿越回到过去，有手机，可以躲在暗处，目的是什么？是要阻止赵季和还是要帮助三娘子？这个动机，你还是要想一下，给故事找一个动机，形成故事的推动力。

30 神奇的面包

王子懿　四年级

在2030年，有一家新开张的面包店，店里的男老板叫奈得，不知道从何处而来。他很开朗，很富有，拥有一个大牧场，里面有许多驴。

赵季和是一个中学生，听到有一家面包店新开张了，就打算在两周后的暑假去品尝。但是，报纸上说，去品尝面包的人都一去不复返，警察也没办法逮捕奈得，因为并没有他的犯罪证明，也并没有在面包里发现破绽。

暑假终于到了，赵季和准备去面包店好好看看。他用一小块隐形衣材质做的布包住了一个迷你飞行摄像头，并放飞到厨房里面。这下，赵季和就能知道面包的秘密了。可是，赵季和还是不放心，于是，他买了一个羊角面包，打包回去好好研究。出来时，他还不忘把那个迷你飞行摄像头带出来。在家里，他研究了那个羊角面包，里面没有什么异常，但赵季和还是不放心，所以就没有吃那块面包。他看了那段摄像头拍出来的视频，里面的内容让赵季和大吃一惊：奈得在做实验，他把许多化学物质混在一起，弄成一种糨糊，再弄成形，烤一烤，就直接端出去给了客人！可是，他们吃了后没啥异常，反而觉得好吃，奈得就带他们去参观厨房。这时，就是他们“一去不复返”的时候了。赵季和觉得很奇怪，就决定再去看看。

这次，赵季和把自己用隐形衣裹了起来。他发现，奈得正牵着一头驴走出来。这头驴和刚才吃面包的人很像，并且举动也很像。赵季和突然意识到，如果吃了奈得的面包，他就会变成驴子。

原来是这样！赵季和急中生智，想出来了一个绝妙的办法。他跑出面包店，跑上街，跑到另外一家“安全”的面包店，买了一个和奈得做得一模一样的面包，接着又回了奈得的面包店。赵季和对奈得说：“我看您做的面包挺不错的，我想品尝品尝。”趁奈得不注意，赵季和把奈得的面包给奈得，自己的留给自己。果然，奈得吃了自己的面包之后，发出一声驴叫，变成了一头又大又肥的驴。

赵季和骑着驴环游世界，一日可以行几百里。他走了几个月后，神奇的事情发生了：一位神仙从天而降，说："呀，这不是奈得吗？怎么成这样了？你呢（手指着赵季和），就把他放了吧，虽然他做了很多坏事，但也受够了惩罚，被你折磨成这样了。"说完，老人取出了一块神奇的面包，喂给了奈得，奈得吃下后，瞬间变回了人。

从此以后，奈得吸取了教训，再也不做那种神奇的面包了，来吃面包的人也更多了。

叶开老师点评：

王子懿把故事设定在2030年，一个叫作赵季和的中学生，听说有一家新的面包店开张了，他打算去尝一尝。而他带着自己的高科技装备，有隐形衣（这个是魔法装备）和迷你飞行摄像头等，发现了男老板奈得的秘密。三娘子呢？男老板奈得是不是有个外号叫作"三娘子"？我看可以的。他就是"三娘子"也行啊。不过，你的小说结尾，出现了神仙是一个奇特的事情，在科幻里，通常不要出现神仙才好，不然，就产生了"越界"啦。

31 前世今生

汤夏香木（郑婉清） 四年级

序1

x年x月x日，天庭大乱。

弼马温孙悟空兴风作浪，使神仙们苦不堪言。

玉皇大帝不堪一击。

最后，如来佛祖来了。他说：“交给我吧。”

如来佛祖不负众望，将孙悟空一巴掌打下人间。

就当是给他一个改过自新的机会吧。佛祖想。

孙悟空/赵季和视角：

他醒了过来。

至少，应该是“他”，毕竟他穿着一身男人的衣服。

他什么都不记得了。这给他带来了很大的麻烦，因为他正站在一片沙漠里。而不记得任何事情，就意味着他将迷失在这片沙漠里。

他把背在肩上的包袱拿下来，里面只有几样少得可怜的东西，一些碎银子，一些食品，一杯被喝完的水，和一张进京赶考的通知。

一张通知？他抽出那张通知：赵季和，x年x月x日生，在会试中成绩优异，获得殿试资格。

所以我叫赵季和？他想。

赵季和把通知放入包里，重新背起包袱，叹了口气：“我怕是无法进京赶考了。”

是的，他的眼前是一望无际的沙漠。

序2

x年x月x日，大公主举行成长仪式。

大公主认为是时候举行她的成长仪式了（去人间做一件好事），可心疼她的父母（玉帝与王母）却舍不得他们心爱的女儿。

大公主看着兄弟姐妹们完成成长仪式后各自拥有自己的封地，很是嫉妒，迫使父母举行自己的成长仪式。

玉皇大帝与王母娘娘在女儿的死缠烂打之下心力交瘁，终于同意举行她的成长仪式。

大公主来到了人间，化名板桥三娘子。

大公主/板桥三娘子视角

板桥三娘子来到人间。

她很不满意人间的状况：贫富分明。

而且更让她生气的是，那些富人把她也当成了穷人！

情景还原：

板桥三娘子走在路当中，一辆马车驾驶过来。

马车夫（目中无人地）：“你个低贱的穷人，还不快给我们家小姐让路！”

板桥三娘子（傲慢地）：“凭什么？”

马车夫（恶狠狠地）：“凭这个！”

马车夫拿起一根鞭子朝板桥三娘子打去，板桥三娘子躲闪不及，被重重挨了一下。

马车夫继续赶路。

剧终

板桥三娘子对这个不公的世界很不爽，她决定为这个世界做一件事，把那些富人们都变成工具，再把这些工具送给穷人们，使那些猖狂的富人也体验一回做穷人的感受！

孙悟空/赵季和视角

他已经行走了三天三夜了。

干粮也全部吃完了。

自己，终究要死在这片沙漠里了吗……

天庭视角

“太白爷爷，那弼马温要死了！”

“啊？要死了？怎么可能？”

“哎呀，您要是不信，看一下不就是了吗？”

（观察中）

“哎哟哪吒，你这消息报得好，孙悟空可不能这么快就死了！走，我们去找阎王爷去！”

（阎王殿中，阎王爷在睡大觉，哪吒和太白金星不停地戳他，把他给戳醒了）

阎王爷：“谁戳我？哎哟，是太白老兄啊！找我什么事儿啊？”

太白金星：“你把那孙……赵季和的性命延长一点儿呗。”

阎王爷：“让我查查……行啊，延长到啥时候啊？”

太白金星：“干脆就别让他死了呗，要让他死，我太白会来跟你说一声的。”

阎王爷：“您尽管放心，交给我吧！”

太白金星带着哪吒满意地走了。

大公主/板桥三娘子视角

说干就干，板桥三娘子打算建一家旅馆，把来往的富人们都变成“工具”！

可是有一个很致命的问题：没钱。

板桥三娘子只好先去赚钱，她开了一家烧饼铺子（别嫌弃，人家大小姐只会做烧饼），在她做得连看都不能看一样的烧饼上加了点儿药，使它变得美味至极，又用变形术把烧饼变得工工整整，使人垂涎欲滴。

板桥三娘子的生意很不错，而且她还找到了一种秘方——在烧饼里加入花瓣，不仅漂亮，而且在单调的味道里又加了一丝香气。这种做法很受大众欢迎，因此她还把烧饼分成几类：薄荷味、栀子花味、梅花味、金盏花味、桂花味……以及经典原味。

板桥三娘子猛敲一笔竹杠，但依然有源源不断的人为了要尝一口烧饼而不远千里赶来。

烧饼生意使板桥三娘子变得富有，她便在x地建了一家旅馆，以只有富人付得起的价格来做生意。这使她的店里全是富人。而且富人也很喜欢她的旅馆，那儿不仅整洁，食物美味，接下来，她的“工具”计划就要开始实施了……

孙悟空/赵季和视角

在赵季和即将饿死（或渴死、累死）之时，一双手把他扶了起来，把他带进屋子。赵季和也没有多想，昏昏沉沉地睡着了……

第二天早上，赵季和去找那双手的主人。那主人是个贫穷的人，但他已经为赵季和准备好了干净的衣物。主人说，汴州有位不错的旅馆，价格略贵，但只要有钱，应该没问题。而且那老板娘热情好客，还经常把她养的驴子无偿借给他们这些穷人，过年还会请他们吃饭。赵季和告别主人，主人给了他些碎银子，他上路了。

赵季和来到汴州，找到那家旅馆，果然按照主人说的那样，老板娘热情地接待了他，并自我介绍："我叫板桥三娘子。"

赵季和对这个板桥三娘子很有好感，因为她出手十分大方，美味的饭菜样样俱全。睡前，三娘子端出一盆酒，大家畅饮欢乐，好不热闹。赵季和因不会喝酒，所以婉拒了三娘子的好意。

夜深，大家来到自己的房间。赵季和因来得晚了点儿，只拿到了最里面的房间，就在三娘子隔壁。

赵季和躺在床上翻来覆去睡不着，却听见三娘子屋内传来窸窸窣窣的小声音。他透过木板之间的缝隙，只见——

板桥三娘子拿出小木人小木车以及耕田工具，拿了点儿土放在床旁边的地上，又把小木人以及……放在土旁，喷了口水，小木人等等东西就活了！人牵着牛，随即开始耕床前的地，来来回回地忙碌着。三娘子又从箱子里拿出一袋荞麦种子，让小人种上了。

一会儿，那荞麦便发芽了，接着就开花，成熟了。三娘子让小人收割去壳，得到了七八升荞麦。又安上个小石磨，把荞麦磨成面粉才算完事。然后，三娘子把木头人木斗牛收回箱子里，当即用那面粉捍皮做了一些烧饼。接着，三娘子就去上床睡觉了。

赵季和却睡不着，他想着三娘子的魔法——那究竟只是个偷懒工具，还是个妖具？赵季和想了一夜……

第二天早上，三娘子还是那么热情，她端上烧饼给各位客人。赵季和因怕出事，没有吃烧饼，提前离开。但赵季和说是要离开，但是他却在门口暗暗观察，只见那些客人们赞扬着："好吃，好……"第二个好吃还没说完，便发出了驴子的叫声，随后变成了驴子。三娘子把驴子们赶进驴圈，又把那些"驴子的钱财"拿走，发给了穷苦的人们。

赵季和看到了这一切，一开始是震惊，接下来渐渐变得生气起来——她怎么可以把人们变成驴？她有没有想过驴的感受？不行，我要把她也变成驴，让她也体验一下驴的感受，这叫恶有恶报！

一个多月之后，赵季和办完事情，快到板桥店的时候，他并没有忘记板桥三娘子的"恶行"，也记得自己的"誓言"，便事先准备了一个大小同三娘子做得一样的烧饼。来到店中，三娘子见他还要住宿，像当初一样热情。赵季和看到三娘子如此热情，心中不由得"呸"了一声。那天由于客人少，三娘子把他安置在了最好的房间。夜里，赵季和又看了三娘子在夜里做烧饼的过程。

第二天，三娘子端来点心盘子，上面摆着几张烧饼。趁她回去拿别的东西时，嘿，机会来了！赵季和赶紧拿出自己准备好的烧饼，从盘子里偷换下来一个，三娘子没有发觉。赵季和快要走的时候，刚要吃烧饼时对三娘子说："刚巧我自己的烧饼还没有吃完，请把你端来的这些撤下去，留着招待别的客人吧。"

说罢，他便掏出自己带的烧饼吃起来。刚吃了第二个，三娘子送茶出来，赵季和说："请你尝尝我带的烧饼吧。"说完就把刚刚偷换下来的那个烧饼递给三娘子吃。三娘子刚咬了一口，便趴在地上发出驴的叫声，随即变成了一头驴，很健壮。赵季和骑上她就出发了，并将木头人木头牛等也带上，在外面一处偏僻的地方把它们烧了，以防落到他人手中，继续祸害别人。他赶着这头由人变成的驴，周游四方，日行百里，从来没有迷路受阻。

大公主/板桥三娘子视角

板桥三娘子恨赵季和。

自己不就是把那些欺压穷人的富人变成驴，有什么错？她委屈地想。

而且自己竟然被一个愚昧的富人变成了一头驴，这是她无法忍受的。

毕竟自己还是大公主，大公主！谁见过公主变成驴，还被别人骑着，简直是天大的笑话！

我回去肯定要被兄弟姐妹们嘲笑了。她沮丧地想。

天庭视角

“太白！你给我过来！”整个宫殿里都充满了玉帝的吼声。

“玉皇大帝，怎么了？”太白金星屁颠儿屁颠儿跑过来。

“我的女儿变成了一头驴！”玉帝更加怒气冲天。

“啊……是！那孙悟空把大公主变的！”太白金星报告道。

“什么？那可恨的孙猴子把我的女儿变成了一头驴……”玉皇大帝唾沫横飞地骂道。

“啊……”太白金星往人间一看，“不是不是，大公主为穷人出头，将欺压他们的富人变成驴，为穷人们减轻负担；孙悟空因为没有记忆了，也不了解大公主把人变成驴是为什么，以为大公主在害人，所以把大公主变成驴，防止她再把人变成驴。”太白金星急忙解释道。

“所以他们都没错，都没错？”玉皇大帝彻底被搞晕了。

“按理说，是的。”太白金星小心翼翼地说。

“那好，你去扮演个老头儿，把他俩都给我召上来。大公主我要她成为太女，孙悟空么……我的宫里正好缺一位弼‘驴’温。”玉皇大帝突然换了个语气，并狡猾地眨了眨眼。

人间视角

赵季和赶着驴正自得其乐，一老头儿从天而降，对着驴哈哈大笑：“大公主，你怎么变成这样啦？”说罢，两手从驴鼻处一掰，大公主就从里面跳了出来。老人又对一脸懵的赵季和解释说：“你其实是弼马温孙悟空，吃下记忆珠——”老人递给孙悟空一颗珠子，“再吞下容貌丸——”他递给孙悟空和大公主一人一粒丸子，“是不是想起从前了？”

“大公主，你父亲说你的成长仪式顺利通过了，你将成为太女——你父亲的继承人，”老人待孙悟空和大公主吃完后，郑重宣布，“孙悟空，玉皇大帝认为他的宫里少一位弼‘驴’温，所以……”老人也学玉帝的样，狡猾地眨了眨眼——

“我要大闹天宫！这不公平！”孙悟空从耳朵里抽出金箍棒，冲上云霄直抵天庭，号叫着，“杀呀……”

天庭大乱，如来佛祖又一次将孙悟空打入凡间，只不过这一次，把他压在了五指山下。

叶开老师评：

汤夏香木让孙悟空下凡变成赵季和，而玉皇大帝的大公主下凡，成为三娘子，这是很精彩的“前世今生”的构思。写三娘子做烧饼，做成了“鲜花饼”，也是很有意思的细节。你一定吃过鲜花饼吧？这次修改、增补两个有意思的段落，让这两个故事细节在衔接上，显得合理多了。因为，我们写作时，要注意不能彼此冲突——如果三娘子是在“劫富济贫”，打击“为富不仁”的那些家伙，那么赵季和就不能反过来，造成了第一个理由不合理。改为太白金星解释说，孙悟空变成了赵季和之后，失忆了，认不出来大公主/三娘子，也看不见事情的真相，于是，他就调换烧饼，把三娘子变成了驴子，这样合理多了。你的修改非常棒。那个太白金星真的是被你用活了，比《西游记》里还有趣，他竟然带着哪吒去找阎王爷，一笔勾销"赵季和"的寿命，这跟孙悟空从菩提老祖那里学艺回来，到阎王爷的森罗殿去一笔勾销，是一样的吧？哈哈。而后来，孙悟空第二次被如来打下天庭，压在五指山，那真是，哎呀，真实很悲惨的。你让太白金星变成那个"老者"，非常自然，好像是真的一样。

叶开总结

读一篇经典作品，尤其是中国古代的文言文小说，然后根据这篇作品的内容来进行思考、拓展、想象，再创造一篇新的作品，这是写作学习中很有效的“虹吸知识大法”。

现在网络文学流行，同学们小小年纪，都非常熟悉各种玄幻小说、神幻小说、穿越小说、修仙小说，而科幻小说日渐流行，也成为同学们日常生活中不断阅读的一个重要的内容。我在课堂中，跟同学们讲过很多中国古代文言小说中的瑰宝“唐传奇”的作品，今天我们熟悉的无论玄幻、神幻、修仙，大多在“唐传奇”里看得到。而且，还可以这么说，“唐传奇”的想象，比现在的网络小说更丰富，更有趣，而且不乏令人脑洞大开的超级想象。之前我们谈到“变形”，在“唐传奇”中是一个非常大的主题，《板桥三娘子》也涉及“变形”的主题，是“人变驴”。谁干的？是开客栈的板桥三娘子干的。

《板桥三娘子》这篇“唐传奇”，是非常著名的作品，早在十八世纪，就被翻译到欧洲去了。后来的各类连环画等改编本很多，不过，大多数都把“三娘子”看成了坏人，而赵季和是“惩恶扬善”的侠客。这样，就把“唐传奇”原来的那种博大、宽容的文化气质给变窄小了。这篇文言小说写了一个非常奇怪的故事，是一个老板娘用“速生”的麦子做成烧饼，然后给客人吃，客人吃了就变成驴子。后来，来了一个机灵的客人赵季和，他无意中看到了三娘子种速生麦子的秘密，于是假装早早走了，然后偷偷回来，调换了三娘子的烧饼。三娘子在没有防备的情况下，误吃了自己的烧饼，也变成了驴子。

这个故事可阐发的空间很大，读这些小学生们的脑洞大开的想象作品，发现他们完全突破了限制，想象出了非常特别的角度，从科幻、从宇宙、从外星人等等各种不同的方式，来重新思考了这个三娘子的可能性。

沼泽为了救三娘子，竟然让老神仙去宇宙之外找了一个科技馆的馆长（也是一个非常怪异的馆长啊），贿赂一亿块钱，让他把42宇宙毁灭了。这样，大唐帝王牛哄哄的“老天爷”也都不存在啦，谁来保佑你？徐鸣泽的《外星配给公司》，写一个四条腿的外星人培养了“三娘子”，是为了征服地球，然而，三娘子却造反了，杀掉了前来“清除”她的使者。而杨依桥的《神驴》巧妙地加入了“八仙过海”的传说，并且令人惊奇地详细写了张果老成仙的故事，让“驴子”这个角色，成了非常合理的主角。张小源在《5116号文明》里，写了一个超级有趣的外星文明企图征服蓝色星球的故事，而出人意料的是，他们的死对头，宇宙最可怕的强盗4116号文明早已经潜入唐朝，并且爱上了唐朝光辉灿烂的文明，从而潜伏下来，保护蓝色星球，而非常顺利地击退了以克昂为舰长的5116号文明的进攻。而因此，唐朝文明还可以保存下来。星雨亦则在《麦之趣》里，写了一个武侠小说中的女侠复仇故事，线索非常丰富，情节也精彩。同样，莞若清风在《原来如此的故事》里，写一个来自森林的仙子樱到了人类的城市，看到了虚伪的青年男子欺骗少女，于是自己伪装成老板娘，把他们都变成了驴子……总之，同样的材料，可以做成最美最美的“菜肴”。只要你给出足够的空间和时间，孩子们都能创造出超棒的世界。